In October 1995, a unique theatrical event
took place: the signing of the Munich Agreement
was re-enacted in the very place where Hitler,
Mussolini, Chamberlain and Daladier met
more than fifty-seven years earlier.

This extraordinary event drew an audience
of hundreds of spectators and made headlines
across Europe.

Now, the producers have decided to make
available the text upon which that re-enactment
was based.

Imaginative and provocative, it brings to life
a crucial moment in the history of the world, and
draws some controversial modern parallels
for the politicians of our own time. It deserves
to be read as widely as possible.

Robert Harris

D1671493

Im Oktober des Jahres 1995 fand ein in seiner Art einmaliges Stück Theater statt: Die Unterzeichnung des Münchner Abkommens wurde an genau demselben Platz nachgestellt, an dem mehr als siebenundfünfzig Jahre früher Hitler, Mussolini, Chamberlain und Daladier dazu zusammengekommen waren. Mehrere hundert Menschen kamen, um sich dieses außerordentliche Ereignis anzuschauen, es sorgte in ganz Europa für Schlagzeilen. Nun haben sich die Veranstalter entschlossen, das Textbuch zugänglich zu machen, das dieser Nachstellung zugrunde lag. Bildkräftig und provozierend zugleich erweckt es einen der kritischen Augenblicke unserer jüngsten Geschichte zum Leben und zieht ganz gegenwärtige Parallelen zum Nutzen der Politiker unserer Zeit, über die man streiten wird. Das Buch verdient es, von so vielen wie nur möglich gelesen zu werden.

Robert Harris

Schmitz-Bender   Friede, der zum Krieg führt   Textbuch

Veröffentlicht im Verlag Das Freie Buch GmbH
mit freundlicher Unterstützung des AStA der Uni München
(Geschwister-Scholl-Universität)
München 1995
Printed in the Federal Republic of Germany
Gesamtherstellung und ©
Verlag Das Freie Buch GmbH
Tulbeckstraße 4 · 80339 München

ISBN 3-922431-66-6

Im Oktober des Jahres 1995 fand ein in seiner Art einmaliges Stück Theater statt: Die Unterzeichnung des Münchner Abkommens wurde an genau demselben Platz nachgestellt, an dem mehr als siebenundfünfzig Jahre früher Hitler, Mussolini, Chamberlain und Daladier dazu zusammengekommen waren. Mehrere hundert Menschen kamen, um sich dieses außerordentliche Ereignis anzuschauen, es sorgte in ganz Europa für Schlagzeilen. Nun haben sich die Veranstalter entschlossen, das Textbuch zugänglich zu machen, das dieser Nachstellung zugrunde lag. Bildkräftig und provozierend zugleich erweckt es einen der kritischen Augenblicke unserer jüngsten Geschichte zum Leben und zieht ganz gegenwärtige Parallelen zum Nutzen der Politiker unserer Zeit, über die man streiten wird. Das Buch verdient es, von so vielen wie nur möglich gelesen zu werden.

Robert Harris

16 UNTERZEICHNUNG

Auf der Leinwand erscheint ein Titel:

> Die Unterzeichnung des Abkommens
> verzögert sich, weil in dem Tintenfaß keine
> Tinte ist. (A. J. P. Taylor, Die Ursprünge
> des Zweiten Weltkrieges)

Schmidt hat den Zuschauerraum verlassen und taucht
auf der Leinwand im Beratungszimmer auf, wo man
sich mittlerweile an das Unterzeichnen des Abkommens
machen will. –
Oder das Ende des Titels gibt auf der Leinwand einfach
die entsprechende Szene frei. Es gibt eine Verzögerung,
die in einer stummen – oder von wenigen Worten wie

3 IM FÜHRERZIMMER: ERSTE BESPRECHUNG

Diese erste Besprechung und die spätere zweite sollen aus
dem »Führerzimmer« in den Konzertsaal der heutigen
Musikhochschule übertragen werden. (Dort können sie
vom Publikum auf einer Leinwand verfolgt werden.
Links und rechts neben der Leinwand befinden sich
Podeste.) Im »Führerzimmer« nehmen die Protagonisten
ihre Plätze ein, auf der Leinwand erscheint ein Titel:

> Im Führerzimmer findet die erste Besprechung statt.
> Von deutscher Seite wird auf den anhaltenden
> Flüchtlingsstrom ins Reich hingewiesen und die euro-
> päische Bedeutung des Problems hervorgehoben.

Die folgenden Texte sind textgleich mit der deutschen
»Aufzeichnung über die erste Besprechung zwischen den

Die Mitwirkenden am 3.10.1995 in der Musikhochschule München:
Hans Brenner (Hitler) · Otto Tausig (Schuschnigg) · Maddalena
Crippa (Mussolini) · Jean Pierre Lefebvre (Daladier) · Götz Alsmann
(Dr. Paul Schmidt) · Roger Willemsen (Interviewer) · Denys Blakeway
(Chamberlain) · Vera Pickova und Maddalena Crippa · Der Bär

10 MOBILMACHUNG 93
Hitler erhält in Godesberg eine unangenehme
Nachricht.

11 WEITER AM RHEIN 101

12 PRAGER ANTWORT 105
Oberst Mason-Macfarlane wird mit den deutschen
Forderungen und Landkarten nach Prag geschickt.
Der tschechoslowakische Botschafter Masaryk
übergibt in London die Antwort seiner Regierung.

13 LONDON UND BERLIN 109
Der französische Ministerpräsident stimmt unter
Hinweis auf neue Informationen aus Deutschland
einem Vorschlag des englischen Premierministers zu.

14 REICHSKANZLEI 121
Die Anspannung weicht. Gegen 15 Uhr wird
München zum Ort, an dem das Ende der Nachkriegs-
ordnung von Versailles besiegelt wird.

15 IM FÜHRERZIMMER: ZWEITE BESPRECHUNG 127
Der deutsche Vorschlag wird angenommen. Bei der
Unterzeichnung kommt es zu einer Verzögerung.

16 UNTERZEICHNUNG 139
Die Unterzeichnung des Abkommens verzögert sich,
weil in dem Tintenfaß keine Tinte ist.

17 MUSSOLINIS ABSCHIED 147

18 INTERVIEW MIT HITLER 151

19 SCHMIDT 155

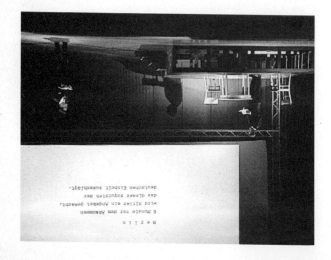

7 REICHSKANZLEI

Auf der Leinwand erscheint der Titel

Berlin

6 Monate vor dem Abkommen wird Hitler
ein Angebot gemacht, das dieser zugunsten
der deutschen Einheit ausschlägt.

SCHMIDT: Kurz vor dem Anschluß Österreichs hatte
der britische Botschafter in Berlin, Sir Neville Henderson, eine Unterredung mit Hitler. ... *(Schmidt
schaut wieder in sein Buch und liest weiter vor)* ... die
in Berlin in Hitlers Arbeitszimmer in der Reichskanzlei stattfand. In ihrem Verlauf machte Henderson im Namen seiner Regierung einen sehr bemer-
kenswerten Vorschlag zur Kolonialfrage. Wäre er in

17 MUSSOLINIS ABSCHIED

*Nach der stummen (!) Unterzeichnungsszene wechselt
das Bild auf der Leinwand wieder und zeigt das
Verhandlungszimmer von außen. Die Türe öffnet sich,
Hitler, Mussolini und Schmidt kommen heraus.*
*Dann werden die Türen des Zuschauerraums geöffnet.
Nachdem auf der Leinwand im Zuschauerraum zu sehen war, wie Hitler und Mussolini das Verhandlungszimmer verlassen haben, zeigt das Bild auf der Leinwand den leeren Lichthof mit der Treppe. Es stört nicht,
wenn die am Rand des Publikums sitzenden Zuschauer
aufstehen und durch die geöffneten Türen in den
Lichthof gelangen, um dort das weitere zu verfolgen. Im
Lichthof tauchen Hitler, Mussolini und hinter ihnen*

Das Textbuch der öffentlichen Nachstellung des Münchner Abkommens von 1938 im ehemaligen Führerbau in München am 3. Oktober 1995:

Thomas Schmitz-Bender

Der Friede, der zum Krieg führt

Der 1943 geborene Autor begann sein politisches Leben in der 68er-Studentenbewegung und hat als Regisseur Texte von Bertolt Brecht in politische Aktionen umgesetzt. Die Veröffentlichung des Textbuchs im Verlag Das Freie Buch erfolgt mit freundlicher Unterstützung des AStA der Universität München (Geschwister-Scholl-Universität).

170 Seiten, 29 Abb.   DM 16,80   ISBN 3-922431-66-6

Verlag Das Freie Buch GmbH
Tulbeckstraße 4 · BRD 80339 München
Telefon 089 / 54 07 03 46 · Telefax 089 / 54 07 03 48

- -

Ich bestelle .... Ex. »Der Friede, der zum Krieg führt«

....
Name, Vorname

....
Anschrift

....
Datum, Unterschrift

Thomas Schmitz-Bender

Der Friede, der zum Krieg führt

Textbuch

Die öffentliche Rekonstruktion
des Münchner Abkommens am 3. Oktober 1995
in der Musikhochschule München fand statt unter der
Schirmherrschaft von
Artur Brauner · Robert Harris · Hanne Hiob
Johannes Mario Simmel · Sir Yehudi Menuhin

Thomas Schmitz-Bender, geboren am 21. Januar 1943
in Zittau/Sachsen, begann sein politisches Leben in der
68er-Studentenbewegung und hat als Regisseur Texte
von Bertolt Brecht in politische Aktionen umgesetzt.

Die folgenden Text- und Szenenvorschläge gehen auf die Idee zurück, Persönlichkeiten aus einer Reihe von Ländern zu bitten, gemeinsam das Aushandeln eines Abkommens zwischen diesen Ländern nachzustellen. Es handelt sich um das Abkommen, welches die regierenden Vertreter Englands, Frankreichs, Italiens und Deutschlands am 29. September 1938 in München untereinander abschlossen. Das Abkommen beinhaltete die Abtretung eines Teils der Tschechoslowakei an Deutschland und wurde damals von vielen als Tat zur Erhaltung des Friedens angesehen. (Hoffentlich wird es sich nicht als neuer folgenreicher Fehler erweisen, daß die Zerschlagung der Tschechoslowakei schon wieder anders als der Überfall auf Polen behandelt wird: Während in den »4+2«-Verhandlungen über die Vergrößerung der BRD von 1990 diese die Oder-Neiße-Grenze zu Polen anzuerkennen hatte, wurde nicht darauf bestanden, das »Münchner Abkommen« als von Anfang an ungültig zu erklären.)

Das Münchner Gebäude, in dem dieses Abkommen abgeschlossen wurde, ist heute die staatliche Musikhochschule und in dieser Eigenschaft vielen Fernsehzuschauern aus dem Filmepos »Die zweite Heimat« bekannt.

Wenn Persönlichkeiten aus den beteiligten Ländern am Originalschauplatz die Geburt des »Münchner Abkommens« nachstellen, bleiben sie natürlich, was sie sind: Menschen von heute, die – ähnlich wie es bei einem Gerichtsverfahren zum Zwecke der Wahrheitsfindung manchmal gemacht wird – ein vergangenes Ereignis nachstellen. Schon deswegen sind alle folgenden Texte und Szenen als Vorschläge zu verstehen. Schon die benutzten Dokumente bestehen aus Aufzeichnungen von Menschen, die auf diese oder jene Weise an den Ereignissen selbst beteiligt waren. Wenn also ein Darsteller »auf offener Bühne« etwas zu seiner Rolle oder der von einem anderen dargestellten Rolle anmerkt, so entspricht dies nur dem erwähnten Charakter der Rekonstruktion. (Wie überhaupt, was Brecht für sein »nichtaristotelisches Theater« vorschlägt, hier aus Notwendigkeiten geschieht, die sich aus den Umständen ergeben!)

Dargestellt werden bzw. mitwirken sollen noch der letzte Bundeskanzler, den Österreich vor dem Anschluß an Deutschland hatte, die Tschechoslowakei und ein in ihrer Nähe sitzender Bär.

* * *

Am 3. Oktober 1995 in der Musikhochschule waren die Mitwirkenden Hans Brenner (Hitler), Maddalena Crippa (Mussolini), Denys Blakeway (Chamberlain), Jean Pierre Lefebvre (Daladier), Otto Tausig (Schuschnigg), Götz Alsmann (Schmidt) u. a. sowie

Vera Pickova aus der Tschechoslowakei und Roger Willemsen, der die Veranstaltung moderierte und am Schluß Hitler interviewte. Die vorliegende Form des Textbuchs und seine Umsetzung am 3. Oktober sind wesentlich Ergebnis der Beratung durch Peter Voigt, der Arbeitsteilung und Zusammenarbeit mit Gabi Pogorzalek, Michael Lichtwarck-Aschoff, Marcus Hank, Ursel Ebell und vielen anderen. Weiterhin gab es den »Arbeitsausschuß Münchner Abkommen«, mit dem Hedwig Krimmer zusammen mit Kathrin Schmitt vom AStA der Universität und anderen über zwei Jahre lang den Plan für die Nachstellung verfolgte, die dann am »Tag der deutschen Einheit« vom AStA mit Unterstützung des Kulturreferats der Stadt München veranstaltet wurde. Der erwähnte Bär gehört zu den Faktoren, mit denen meine Organisation, der Arbeiterbund für den Wiederaufbau der KPD, die geplante Durchführung des Vorhabens ermöglichte.

Thomas Schmitz-Bender
August/November 1995

1   VOR DER MUSIKHOCHSCHULE   13

2   IN DER MUSIKHOCHSCHULE   17

3   IM FÜHRERZIMMER: ERSTE BESPRECHUNG   21
    Im Führerzimmer findet die erste Besprechung statt.
    Von deutscher Seite wird auf den anhaltenden
    Flüchtlingsstrom ins Reich hingewiesen und die euro-
    päische Bedeutung des Problems hervorgehoben.

4   BERCHTESGADEN 1   41
    7.Monate vor dem Münchner Abkommen erklärt
    Hitler, daß er die deutsche Einheit verwirklichen
    wird, und protestiert gegen österreichische Grenz-
    befestigungen.

5   SCHMIDTS VORSTELLUNG   53
    Dr. Paul Schmidt erinnert sich an Vorkriegszeiten
    und beklagt den Verlust einer wertvollen Uhr.

6   KRUPPPROZESS   57
    8 Jahre nach dem Abkommen sagt Schmidt im Krupp-
    prozeß aus und bezeugt die Kontinuität der deutschen
    Außenpolitik.

7   REICHSKANZLEI   63
    6 Monate vor dem Abkommen wird Hitler ein Angebot
    gemacht, das dieser zugunsten der deutschen Einheit
    ausschlägt.

8   BERCHTESGADEN 2   69
    Der englische Premierminister überrascht Hitler mit
    einem Besuch und berichtet seiner älteren Schwester
    in einem Brief.

9   AM RHEIN   79
    Nach mehrfachem Übersetzen erhält Chamberlain die
    deutschen Forderungen. Er hält sie für unerfüllbar.

10 MOBILMACHUNG 93
Hitler erhält in Godesberg eine unangenehme
Nachricht.

11 WEITER AM RHEIN 101

12 PRAGER ANTWORT 105
Oberst Mason-Macfarlane wird mit den deutschen
Forderungen und Landkarten nach Prag geschickt.
Der tschechoslowakische Botschafter Masaryk
übergibt in London die Antwort seiner Regierung.

13 LONDON UND BERLIN 109
Der französische Ministerpräsident stimmt unter
Hinweis auf neue Informationen aus Deutschland
einem Vorschlag des englischen Premierministers zu.

14 REICHSKANZLEI 121
Die Anspannung weicht. Gegen 15 Uhr wird
München zum Ort, an dem das Ende der Nachkriegs-
ordnung von Versailles besiegelt wird.

15 IM FÜHRERZIMMER: ZWEITE BESPRECHUNG 127
Der deutsche Vorschlag wird angenommen. Bei der
Unterzeichnung kommt es zu einer Verzögerung.

16 UNTERZEICHNUNG 139
Die Unterzeichnung des Abkommens verzögert sich,
weil in dem Tintenfaß keine Tinte ist.

17 MUSSOLINIS ABSCHIED 147

18 INTERVIEW MIT HITLER 151

19 SCHMIDT 155

1 VOR DER MUSIKHOCHSCHULE

1. Ein Wagen fährt vor und hält vor dem rechten, d. h. südlichen Eingang, vor dem der rote Teppich ausgerollt ist. SCHMIDT steigt aus und eilt ins Gebäude. Der Wagen fährt wieder weiter. Im Verhandlungszimmer, das über dem Eingang liegt, schaltet Schmidt das Licht an und/oder erscheint auf dem Balkon. Dann geht Schmidt wieder herunter und stellt sich im Eingang auf.

2. Der Wagen mit HITLER *(oder mit Hitler und Mussolini)* kommt in raschem Tempo heran, fährt am südlichen Eingang vorbei und hält vor dem nördlichen. Die Insassen schauen aus dem Wagen und zu den bei-

den Eingängen, der Wagen setzt sich wieder in Bewegung und fährt ums Karree …

Beim südlichen Eingang wird auf Weisung von Schmidt der rote Teppich eingerollt, zum nördlichen gebracht und dort ausgerollt.*

Der Wagen mit Hitler taucht wieder auf und hält vor dem *südlichen* Eingang! (Schließlich befand sich da ja vorhin der Teppich.)

Beim nördlichen Eingang wird der rote Teppich wieder eingerollt, zum südlichen gebracht und dort ausgerollt.

Hitler *(oder Hitler samt Mussolini)* steigt aus dem Wagen und geht über den roten Teppich ins Gebäude. Der Wagen fährt weiter und Hitler *(oder Hitler samt Mussolini)* erscheint kurz auf dem Balkon.

3. Ein Wagen fährt vor und hält vor dem nördlichen Eingang. CHAMBERLAIN steigt aus, geht zum südlichen Eingang und ins Gebäude. Der Wagen fährt weiter.

(Wenn man will, kann auf Weisung von Schmidt der Teppich vor dem südlichen Eingang wieder eingerollt, zum nördlichen gebracht und dort wieder ausgerollt werden. Schließlich halten die Wagen ja immer dort.)

---

* Am 3. 10. 95 betrat Hans Brenner als Hitler die Musikhochschule durch den nördlichen Eingang, der auch 1938 von den Verhandlungsteilnehmern benutzt wurde, heute aber nicht mehr öffentlich zugänglich ist. Der Teppich war währenddessen zwischen dem südlichen und dem nördlichen Eingang unterwegs.

4. Ein Wagen fährt vor und hält ebenfalls vor dem nördlichen Eingang. DALADIER steigt aus, geht zum südlichen Eingang und ins Gebäude. Der Wagen fährt weiter.

(Wenn man will, kann am südlichen Eingang Schmidt den Leuten mit dem Teppich durch ein Zeichen zu verstehen geben, daß sie den Teppich wieder zum südlichen Eingang bringen sollen. Schließlich haben ja Chamberlain und Daladier den südlichen Eingang benutzt.)

5. *Falls Mussolini nicht schon mit Hitler zusammen gekommen ist,* fährt jetzt der Wagen mit MUSSOLINI vor *(und zwar schon während der Teppich wieder zum südlichen Eingang gebracht wird, so daß der Wagen an den Teppichträgern vorbeifährt!).* Der Wagen hält vor dem nördlichen Eingang. *(Die Teppichträger machen kehrt und gehen mit dem Teppich in Richtung des nördlichen Eingangs!)* Der Wagen setzt zurück und hält vor dem südlichen Eingang. *(Die Teppichträger machen wieder kehrt, gehen zum südlichen Eingang und rollen den Teppich dort wieder aus.)* Mussolini steigt aus dem Wagen und geht über den Teppich in das Gebäude.

6. Während man sich an das Einrollen des Teppichs macht, erscheint ein Polizeiauto mit der TSCHECHOSLOWAKEI, die in Begleitung von zwei (heutigen) Polizeibeamten über den halb zusammengerollten Teppich steigt und in das Gebäude geführt wird.

7. Wenn der Teppich ganz zusammengerollt ist, wird dem Publikum Einlaß in das Gebäude gewährt.

2 IN DER MUSIKHOCHSCHULE

Während das Publikum eingelassen und auf seine Plätze geleitet wird, mag im Lichthof der Musikhochschule ein passendes Musikstück ertönen.* (Es handelt sich hier und bei dem Weiteren um den nördlichen Lichthof.)

Am oberen Ende der großen Treppe (das ebenso freigehalten wird wie die Treppe selbst und das ganze Parterre des Lichthofs) steht Hitler. (Wie sein eigenes Denkmal. Nur die Augen bewegen sich, weil er sonst Schmidt nicht sehen könnte.)

---

* Am 3. 10. 95 war dies das Capriccio Italien von Peter Tschaikowsky, op. 95 (dirigiert von Herbert von Karajan).

Wenn das Publikum zur Ruhe gekommen und die Musik zu Ende ist, taucht von der Seite, aber in einiger Entfernung Schmidt auf. So können die ersten Worte, die beim Nachstellen der Münchner Konferenz fallen, die folgenden sein:

HITLER *laut:* Da sind Sie ja, Herr Schmidt!
Zu einem imaginären Gefolge, deshalb ebenfalls laut, wenn auch »im Scherz«:
Herr Schmidt ist heute [doch] die Hauptperson.*
Schmidt stellt sich neben Hitler, holt seine Uhr aus der Tasche, klappt den Deckel auf und wieder zu und steckt sie weg. Beide erwarten die eingeladenen Staatsmänner.
Am unteren Ende der Treppe taucht Chamberlain auf.
SCHMIDT *laut:* Seine Exzellenz, der britische Premierminister, Mr. Neville Chamberlain.
Chamberlain geht die Treppe hinauf. Hitler schüttelt ihm beide Hände. Chamberlain begrüßt seinerseits Schmidt und kommt neben ihnen zu stehen.
SCHMIDT *laut:* Seine Exzellenz, der französische Ministerpräsident, M. Edouard Daladier.
Daladier taucht am unteren Ende der Treppe auf und geht sie hoch. Hitler verbeugt sich ein wenig oder deutet gar ein Zusammenschlagen der Hacken an und gibt Daladier die Hand. Daladier begrüßt Chamberlain

---

* Eckige Klammern bezeichnen Streichmöglichkeiten, von denen am 3. 10. 95 auch meist Gebrauch gemacht wurde.

(den er an diesem Tag noch nicht gesehen hat) sowie Schmidt und stellt sich auf die andere Seite neben Hitler.

SCHMIDT *laut:* Seine Exzellenz, der italienische Ministerpräsident und Duce, Benito Mussolini.

Mussolini taucht am Fuße der Treppe auf, geht rasch einige Stufen hinauf, bleibt dann aber stehen, die Hände in die Hüften gestemmt.

Hitler und Mussolini warten anscheinend darauf, wer wem entgegenkommt. Schließlich wird Mussolini etwa in der Mitte der Treppe von Hitler begrüßt. Beide gehen zum oberen Ende der Treppe, wo Mussolini Chamberlain, Daladier und Schmidt begrüßt und sich neben Chamberlain stellt.

Am Fuße der Treppe taucht die Vertretung der Tschechoslowakei auf, geht aber nicht hinauf, sondern zu einem Stuhl in der Ecke rechts unten neben der Treppe (bzw. wird von einem oder zwei Wachposten oder den Polizeibeamten dorthin geführt).

EINE STIMME *eventl. über Lautsprecher:* Die in München eingetroffene Vertretung der Tschechoslowakei war zu den Verhandlungen nicht zugelassen.

Am oberen Ende der Treppe machen sich Hitler, Daladier, Chamberlain und Mussolini sowie Schmidt auf den Weg zu dem Verhandlungszimmer, das sich im gleichen Stockwerk befindet.

Ein Teil des Publikums mag ihnen bis zur Türe des Zimmers gefolgt sein und dann daran vorbeidefilieren, so daß es einen Blick in das Zimmer werfen kann. Dort werden die vier Staatsmänner »an einem – wie-

der viel zu niedrigen – runden Tisch« * Platz nehmen,
auf dem eine Landkarte der Tschechoslowakei liegen
kann.*

*An der Türe kann Schmidt stehen und das Publikum
auf die Videoübertragung der Konferenz hinweisen.
Schließlich würde Schmidt die Türe des Verhandlungszimmers schließen ...* **

---

* Paul Schmidt, *Statist auf diplomatischer Bühne 1913–45, Erlebnisse des Chefdolmetschers im Auswärtigen Amt mit den Staatsmännern Europas*, Bonn 1950, S. 415

** Am 3. 10. 95 trat Roger Willemsen vor das Publikum,
während Hans Brenner, Maddalena Crippa, Denys Blakeway und
Jean Pierre Lefebvre zum Führerzimmer gingen. Er moderierte die
Veranstaltung anhand von Vorschlägen von Peter Voigt.

Text 1:

Meine Damen und Herren.   Wir haben soeben das Entrée der
europäischen Großmächte verfolgt, Königreich England, Republik Frankreich, Königreich Italien, repräsentiert durch die Herren Chamberlain, Daladier und Benito Mussolini – sowie deren
Begrüßung durch den Führer und Reichskanzler des deutschen
Volkes, Adolf Hitler, in dessen münchener Residenz. Man schreibt
den 29. September 1938.

Die Herren ziehen sich nun zurück, um in der prekären Sudetenfrage zu einer Verständigung zu kommen, dies um des lieben Friedens willen im europäischen Haus.

Der authentische Schauplatz dieser Unterredung, das Bureaux des
Führers, ist freilich zu klein, alle hier Anwesenden zu fassen.
Darum wird die historische Beratung, in Bild und protokoll-
gerechter Rede und live, hierher, in den großen Saal, übertragen.
Danach werden wir weitersehen.

3 IM FÜHRERZIMMER: ERSTE BESPRECHUNG

Diese erste Besprechung und die spätere zweite sollen aus dem »Führerzimmer« in den Konzertsaal der heutigen Musikhochschule übertragen werden. (Dort können sie vom Publikum auf einer Leinwand verfolgt werden. Links und rechts neben der Leinwand befinden sich Podeste.) Im »Führerzimmer« nehmen die Protagonisten ihre Plätze ein, auf der Leinwand erscheint ein Titel:

> Im Führerzimmer findet die erste Besprechung statt.
> Von deutscher Seite wird auf den anhaltenden
> Flüchtlingsstrom ins Reich hingewiesen und die euro-
> päische Bedeutung des Problems hervorgehoben.

Die folgenden Texte sind textgleich mit der deutschen »Aufzeichnung über die erste Besprechung zwischen den

*Britischen und Französischen Premierministern, dem Duce und dem Führer in München am 29. September 1938«** bzw. sind deren Übertragung ins Englische und Französische. Es ist Sache des jeweils Redenden, ob und wie er darauf hinweist, daß er diese Quelle benutzt, und ob er sie oder den Zweck der Zusammenkunft kommentiert.*

HITLER *»spricht« (laut Mussolinis Begleiter Ciano) »mit Ruhe, aber von Zeit zu Zeit gerät er in Erregung und dann erhebt er seine Stimme und schlägt mit der Faust in die offene Hand«:* Der Führer eröffnete um 12 Uhr 45 die Besprechungen und sprach den erschienenen Regierungschefs seinen Dank dafür aus, daß sie seiner Einladung nach München gefolgt seien. Er fügte hinzu, er wolle zunächst einen kurzen Abriß der tschechischen Frage, wie sie sich augenblicklich darstelle, geben. Die Existenz der Tschechoslowakei bedrohe in ihrer gegenwärtigen Gestalt den europäischen Frieden. Die deutschen, ungarischen, slowakischen, polnischen und karpathorussischen Minderheiten, die gegen ihren Willen in diesen Staat hineingepreßt worden seien, revoltierten gegen das Fortbestehen dieses Staates. Er, der Führer, könne nur als Sprecher für die deutschen Minderheiten auftreten.

Im Interesse des europäischen Friedens müsse das Problem in der kürzesten Frist gelöst werden, und

* Akten zur deutschen auswärtigen Politik, 1918–1945, D, Bd II, Nr. 670, S. 804 ff.; Übersetzungen: Jon Smale, François Mathieu

zwar durch die Einlösung des von der tschechischen Regierung abgegebenen Versprechens der Übergabe. Deutschland könne dem Jammer und Elend der sudetendeutschen Bevölkerung nicht länger zusehen. In zunehmendem Maße liefen Nachrichten über Zerstörung von Eigentum ein. Die Bevölkerung werde einer barbarischen Verfolgung ausgesetzt. Seitdem er, der Führer, zum letzten Mal mit Herrn Chamberlain gesprochen habe, sei die Zahl der Flüchtlinge auf 240 000 gestiegen, und der Strom schiene kein Ende zu nehmen. Zudem sei es erforderlich, daß die politische, militärische und wirtschaftliche Spannung, die unerträglich geworden sei, ein Ende finde. Diese Spannung mache es erforderlich, das Problem in einigen Tagen zu lösen, da man Wochen lang nicht mehr warten könne. Auf den Wunsch des italienischen Regierungschefs Mussolini hätte er, der Führer, sich bereit erklärt, die Mobilmachung in Deutschland um 24 Stunden zu verschieben. Ein weiteres Zögern würde ein Verbrechen sein. Um das Problem zu lösen, seien die verantwortlichen Staatsmänner Europas hier zusammengekommen, und er stelle fest, daß die Differenzen eigentlich minimal seien, denn erstens sei man sich darüber einig, daß das Gebiet an Deutschland abgetreten werden müsse, und zweitens, daß Deutschland nichts anderes als dieses Gebiet beanspruche. Um genau festzustellen, um welches Gebiet es sich handele, könne man jedoch nicht eine Kommission entscheiden lassen. Es sei vielmehr eine Volksabstimmung erforderlich, zumal seit 20 Jahren keine freie Wahl mehr in der Tschechoslowakei stattgefunden hätte. Er habe nun in seiner Rede im Sportpalast erklärt, daß er auf alle Fälle am 1. Oktober einmarschieren werde. Hierauf sei ihm erwidert worden, daß diese Aktion den Charakter eines Gewaltakts haben würde. Es läge also die Aufgabe vor, dieser Aktion diesen Charakter zu nehmen. Es müsse aber sofort gehandelt werden, einmal aus dem Grunde, weil die Verfolgungen nicht länger mit angesehen werden könnten, und zudem, weil man angesichts der schwankenden Auffassungen in Prag keine Verzögerung mehr dulden könne.

Militärisch sei die Besetzung kein Problem, denn die Tiefen seien an allen Seiten nur ziemlich gering. Bei einigem guten Willen müsse es infolgedessen möglich sein, in zehn Tagen, ja er sei überzeugt, schon in sechs bis sieben Tagen das Gebiet zu räumen. Um der öffentlichen Meinung Englands und Frankreichs entgegenzukommen, wolle er die Frage offen lassen, ob Deutschland auch in das Gebiet einmarschieren solle, in dem abgestimmt werden würde. In diesem Falle müßte aber eine paritätische Situation dadurch geschaffen werden, daß die Tschechen ihrerseits ein gleiches täten. Über die Modalitäten der Übergabe könne man sprechen, aber es müsse schnell gehandelt werden. Daß sich in Europa bewaffnete Mächte wie jetzt gegenüberstehen, sei auf die Dauer unerträglich.

CHAMBERLAIN *ergreift das Wort und zitiert aus der* »*Aufzeichnung ...*« *des deutschen Auswärtigen Amts:* First of all Prime Minister Chamberlain thanked the Fuehrer for the invitation to the meeting and extended his thanks to the Duce, whose initiative – if he understood correctly – had also led to today's meeting. Today's meeting gave Europe new breathing space, whereas yesterday still havoc seemed to stand before us.

SCHMIDT *übersetzt:* Premierminister Chamberlain dankte zunächst dem Führer für die Einladung zu den Besprechungen und dehnte diesen Dank auch auf den Duce aus, auf dessen Initiative, wenn er recht verstanden habe, die heutigen Besprechungen mit zurückzuführen seien. Die heutigen Besprechungen geben Europa eine neue Atempause, während gestern noch die Katastrophe unmittelbar bevorzustehen schiene.

[Would you please continue.*]

CHAMBERLAIN *zitiert weiter:* Prime Minister Chamberlain did fully agree that quick action was necessary and he especially welcomed the Fuehrer's statement that he did not want to use force, rather he wanted to achieve order. If one approached the problem in this spirit, he was sure that a suitable solution could be attained.

---

* Diese und ähnliche Aufforderungen (an deren Stelle später auch einfach eine Geste treten kann) sind nötig, wenn Chamberlain erfahren soll, daß die jeweilige Übersetzung beendet ist und er weitersprechen kann.

SCHMIDT *übersetzt:* Er sehe durchaus ein, daß schnell gehandelt werden müsse, und er begrüße besonders die Erklärung des Führers, daß er nicht Gewalt anwenden, sondern Ordnung schaffen wolle. Falls man in diesem Geiste an das Problem herangehe, sei er sicher, daß man zu Resultaten kommen müsse.

MUSSOLINI *zunächst in Französisch:* J'ai agi de façon à ce que l'on soit déjà d'accord sur le plan théorique et qu'il ne reste plus qu'à traduire cet accord théorique dans la pratique.

Er schaut eventl. einmal kurz zu Hitler und gibt den Inhalt in Deutsch wieder.

Ich habe ausgeführt, daß man sich theoretisch bereits geeinigt habe und daß es jetzt nur darauf ankomme, diese theoretische Einigkeit in die Praxis umzusetzen.

MUSSOLINI *weiter abwechselnd in Französisch und Deutsch:* L'instant que nous sommes en train de vivre est d'une particulière importance. Toute hésitation est source de dangers.

Von besonderer Wichtigkeit ist hierbei das Zeitmoment. Jede Verzögerung ist eine Quelle von Gefahren.

MUSSOLINI: Je persévère en conséquence dans l'exigence d'un processus accéléré, cette accélération étant en accord total avec la justice.

Ich bestehe besonders deshalb auf einem beschleunigten Verfahren, weil Beschleunigung durchaus mit Gerechtigkeit in Einklang zu bringen ist.

Il vaut mieux parvenir encore aujourd'hui à un accord vu qu'un ajournement, ne serait-ce que de 24 heures, ne ferait que provoquer de nouveaux troubles et de nouvelles suspicions. Pour mettre en oeuvre une solution pratique du problème, j'avancerai les propositions suivantes:

Es ist besser, noch heute zu einer Einigung zu kommen, da eine Vertagung auch nur um 24 Stunden neue Beunruhigung und neuen Argwohn erzeugen wird. Um eine praktische Lösung des Problems herbeizuführen, will ich folgenden Vorschlag machen:

Mussolini zieht ein Blatt Papier aus der Tasche und übergibt es Schmidt.

SCHMIDT *liest vor:* Die grundsätzliche Übergabe des gesamten sudetendeutschen Gebiets (siehe Karte zum deutschen Memorandum) an das Reich vorbehaltlich der Korrekturen, die sich aus der Abstimmung in den umstrittenen Gebieten ergeben, erfolgt nach folgendem Modus:

1) Beginn der Räumung am ersten Oktober.

2) Die Garantiemächte England, Frankreich und Italien garantieren Deutschland, daß die Räumung des Gebietes ohne Zerstörung bestehender Einrichtungen (siehe Anlage zum deutschen Memorandum) bis zum 10. Oktober durchgeführt ist.

3) Die Modalitäten der Räumung werden präzisiert durch eine internationale Kommission, in der Deutschland, England, Frankreich, Italien und die Tschechoslowakei vertreten sind.

4) Strittige Gebiete werden bis zur durchgeführten Abstimmung durch internationale Kräfte besetzt. Grundlage für die Abstimmung ist im Sinne des Memorandums der Modus der Saarabstimmung.

Die endgültige Grenzziehung erfolgt durch eine internationale Kommission.

5) Der Beginn der etappenweisen Besetzung vorwiegend deutschen Gebietes durch deutsche Truppen erfolgt am 1. Oktober.

DALADIER *ergreift das Wort und zitiert aus den »Aufzeichnungen …«* des deutschen Auswärtigen Amts:
Le Président du Conseil Daladier a également remercié le Führer pour son initiative. Il était heureux d'avoir l'occasion aujourd'hui de le rencontrer personnellement. Il dit aussi que le projet d'une telle rencontre était déjà ancien, mais n'avait pas pu se réaliser en raison des circonstances.

SCHMIDT *übersetzt:* Ministerpräsident Daladier dankte dem Führer gleichfalls für seine Initiative. Er freue sich, jetzt Gelegenheit zu haben, mit ihm persönlich zusammenzutreffen. Der Plan eines solchen Zusammentreffens habe ja früher schon bestanden, sei aber leider durch die Umstände bis jetzt verhindert worden.

DALADIER *zitiert weiter:* Mais comme disait un proverbe français: mieux valait tard que jamais.

SCHMIDT *übersetzt:* Ein französisches Sprichwort sage aber: Besser spät als niemals.

DALADIER *zitiert weiter:* Le Président du Conseil a également exprimé son admiration particulière au

Duce pour une initiative qui permettrait sûrement que l'on trouve une solution à cette question. Il a ajouté qu'il partageait l'avis de M. Chamberlain qu'il fallait agir extrêmement vite.

SCHMIDT *übersetzt:* Ministerpräsident Daladier sprach sodann auch dem Duce seine besondere Bewunderung für seinen Schritt aus, der hoffentlich zu einer Lösung der Frage führen werde. Ebenso wie Herr Chamberlain sei er der Auffassung, daß man mit der größten Geschwindigkeit vorgehen müsse.

DALADIER *zitiert weiter:* Qu'il saluait en particulier la proposition du Duce à la fois objective et réaliste et qu'il l'acceptait comme base de discussion.

SCHMIDT *übersetzt:* Er begrüße besonders den von objektivem und realistischem Geist getragenen Vorschlag des Duce, den er als Diskussionsgrundlage annehme.

DALADIER *zitiert weiter:* Naturellement cela ne signifiait pas qu'il en approuvait tous les points, car il faudrait d'une façon ou d'une autre prendre en considération les points de vue économique de façon à ne pas créer les conditions d'une guerre future.

SCHMIDT *übersetzt:* Das bedeute natürlich nicht, daß er in allen Punkten zustimme, denn einmal müßten wirtschaftliche Gesichtspunkte berücksichtigt werden, um nicht den Grund für zukünftige Kriege zu legen.

DALADIER *zitiert weiter:* Enfin, restait encore la question de l'organisation du plébiscite et de la délimitation de la zone.

SCHMIDT *übersetzt:* Schließlich bliebe noch die Frage der Organisation des Plebiszits und der Abgrenzung der Zone übrig.

DALADIER *zitiert weiter:* Il ne mentionnait ces points que parce que, disait-il, il n'avait pas encore étudié avec assez de précision le projet qui venait d'être lu. Mais il était déjà prêt à l'accepter comme base de discussion.

SCHMIDT *übersetzt:* Er erwähne diese Punkte nur, da er den soeben verlesenen Vorschlag noch nicht genau studiert habe. Er wolle ihn aber schon jetzt als Diskussionsgrundlage annehmen.

CHAMBERLAIN *ergreift wieder das Wort und zitiert:* Prime Minister Chamberlain, too, welcomed the Duce's suggestion. He himself had thought of a solution in this direction.

SCHMIDT *übersetzt:* Premierminister Chamberlain begrüßte gleichfalls den Vorschlag des Duce und erklärte, daß er sich auf der Linie dieses Vorschlags selbst die Lösung gedacht habe.

CHAMBERLAIN *zitiert weiter:* Since England demanded a guarantee, he would be grateful for a representative of the Czech Government to be present.

SCHMIDT *übersetzt:* Wegen der von England geforderten Garantie würde er es begrüßen, wenn man einen Vertreter der tschechischen Regierung bei der Hand haben würde.

CHAMBERLAIN *zitiert weiter:* Since England could naturally not ensure that the territory be evacuated by October 10, and that no destruction would take place, if they did not have the assurance of the Czech Government.

SCHMIDT *übersetzt:* Denn England könne natürlich keine Garantie dafür übernehmen, daß das Territorium bis zum 10. Oktober geräumt (sei) und keine Zerstörungen stattgefunden hätten, falls hierfür keine Zusicherung der tschechischen Regierung vorliege.

HITLER: Der Führer erwiderte hierauf, daß es ihm nicht auf eine Zusicherung der tschechischen Regierung ankomme, denn diese Regierung sei ja gerade dabei, Zerstörungen vorzunehmen. Die Frage sei ja gerade, wie man die tschechische Regierung zur Annahme des Vorschlags bringe. Es bestehe Einigkeit darüber, daß Deutschland das Gebiet abgetreten erhalte. Die Tschechen behaupten aber, die Räumung nicht vornehmen zu können, bevor nicht neue Befestigungen hergestellt und wirtschaftliche Entscheidungen gegeben seien.

DALADIER *beginnt seine Erwiderung zu zitieren:* Le Président du Conseil Daladier dit alors que le gouvernement français ne tolérait nullement que le gouvernement tchèque traitte cette affaire de façon dictatoriale.

SCHMIDT *übersetzt:* Ministerpräsident Daladier erwiderte, daß die französische Regierung eine diktatorische Behandlung der Angelegenheit durch die tschechische Regierung keineswegs dulden werde.

DALADIER *zitiert weiter:* Le gouvernement tchèque avait donné sa parole et devait la respecter.

SCHMIDT *übersetzt:* Die tschechische Regierung habe ihr Wort gegeben und müsse es einlösen.

DALADIER *zitiert weiter:* Il n'était nullement question de repousser l'évacuation des territoires jusqu'à ce que de nouvelles dispositions soient prises.

SCHMIDT *übersetzt:* Es könne keineswegs davon die Rede sein, die Räumung des Gebiets aufzuschieben, bis neue Befestigungen angelegt seien.

DALADIER *zitiert weiter:* Il a demandé qu'on exclu totalement cette idée de la discussion dès lorsque le gouvernement tchèque obtenait des garanties en échange des cessions.

SCHMIDT *übersetzt:* Diesen Gedanken bitte er aus der Diskussion vollkommen auszuschließen, denn die tschechische Regierung erhalte ja eine Garantie für ihre Cessionen.

DALADIER *zitiert weiter:* Mais il concevait bien, par ailleurs, comme M. Chamberlain, que la présence d'un représentant tchèque, que l'on pourrait éventuellement consulter, serait utile.

SCHMIDT *übersetzt:* Im übrigen sei er aber, wie Herr Chamberlain, der Auffassung, daß die Anwesenheit eines tschechischen Vertreters, den man eventuell konsultieren könne, von Nutzen sein würde.

DALADIER *zitiert das Ende seiner Erwiderung:* Cela lui semblait utile avant tout pour éviter le désordre qui pourrait facilement apparaître à l'occasion d'une opération aussi délicate qu'une cession de territoire. Tout devait être fait pour éviter un chaos.

SCHMIDT *übersetzt:* Dies schiene ihm vor allen Dingen deshalb nützlich, um Unordnung zu vermeiden, die bei einer so delikaten Angelegenheit wie einer Gebietscession leicht auftreten könne. Es müsse alles getan werden, um ein Chaos zu vermeiden.

HITLER: Der Führer erwiderte hierauf, daß, falls man die tschechische Regierung bei jedem Detail erst um ihre Zustimmung fragen müsse, eine Lösung nicht vor 14 Tagen zu erwarten sei. Im Vorschlag des Duce sei ja eine Kommission vorgesehen, in der auch ein Vertreter der tschechischen Regierung sitzen solle. Ihm liege vor allem an einer Garantie der Großmächte, die ihre Autorität dafür einsetzen sollten, daß die tschechische Regierung nicht mit ihren Verfolgungen und Zerstörungen fortfährt.

CHAMBERLAIN *zitiert seine Erwiderung:* Prime minister Chamberlain said, he also held the opinion, one should not wait any longer. But before taking over the responsibility of a guarantee, he had to know if he could keep to it ...

SCHMIDT *übersetzt:* Premierminister Chamberlain erwiderte hierauf, er sei auch nicht der Auffassung, daß man länger warten solle. Bevor er aber eine Garantie übernehme, müsse er wissen, ob er sie auch einhalten könne ...

CHAMBERLAIN *zitiert weiter:* ... And for this reason he would welcome the possibility of having a representative from Prague in the next room in order to get assurances from him.

SCHMIDT *übersetzt:* ... und aus diesem Grunde würde er es begrüßen, wenn man einen Prager Vertreter im Nebenzimmer haben würde, um von ihm Zusicherungen zu erhalten.

HITLER: Der Führer erwiderte hierauf, daß ein tschechischer Vertreter, der mit Autorität für seine Regierung sprechen könne, nicht zur Hand sei. Die interessante Frage für ihn sei, was passiere, wenn die tschechische Regierung den Vorschlag der Großmächte nicht annähme. Augenblicklich seien 247 Brücken und eine noch größere Anzahl Häuser zerstört worden.

MUSSOLINI *spricht zunächst wieder in Französisch:* Il ne me semble pas non plus possible d'attendre un représentant tchèque.

Er gibt den Inhalt in Deutsch wieder.

Auch mir scheint es nicht möglich, auf einen tschechischen Vertreter zu warten.

MUSSOLINI *weiter abwechselnd französisch und deutsch:* Les grandes puissances doivent prendre une responsabilité morale pour l'évacuation et la non-destruction.

Die Großmächte müssen eine moralische Garantie für Räumung und Nichtzerstörung übernehmen.

Elles doivent faire savoir à Prague que le gouvernement tchèque doit accepter ces exigences, faute de quoi il en subirait les conséquences militaires. Il reste en outre quelques questions de détail à clarifier.

Sie müssen in Prag darauf hinweisen, daß die tschechische Regierung die Forderungen anzunehmen habe, widrigenfalls sie die militärischen Folgen zu tragen haben würde.

Il s'agit là d'une sorte de requête des grandes puissances qui assument l'obligation morale que ces territoires ne soient pas un désert au moment de la cession.

Es handelt sich um eine Art Ersuchen der Großmächte, die eine moralische Verpflichtung dafür haben, daß dieses Gebiet nicht als Wüste übergeben würde.

CHAMBERLAIN *zitiert seine Erwiderung:* Prime minister Chamberlain said, he would much appreciate the presence of a Czech representative. Otherwise it seemed to him that the deadlines, as suggested by the Duce, were quite reasonable. He would be prepared to put his name to it and to inform the Czech Government that they ought to accept them.

SCHMIDT *übersetzt:* Premierminister Chamberlain erwiderte, daß er gern einen tschechischen Vertreter zugegen haben würde. Im übrigen schienen ihm die vom Duce vorgeschlagenen Zeitpunkte durchaus vernünftig zu sein. Er sei bereit, seinen Namen darunter zu setzen und der tschechischen Regierung mitzuteilen, sie möge sie annehmen.

CHAMBERLAIN *zitiert weiter:* But he could not offer a guarantee, before he knew how to observe it. Apart from that there were still a few small points to be clarified:

SCHMIDT *übersetzt:* Er könne aber keine Garantie übernehmen, bevor er wisse, wie er sie einhalten könne. Außerdem seien noch einige Einzelfragen zu klären:

CHAMBERLAIN *zitiert weiter:* What authority would the international commission have, and what kind of government would reign the territory after evacuation.

SCHMIDT *übersetzt:* Welche Kompetenzen würde die internationale Kommission haben, und welches Regime würde in dem Territorium herrschen, wenn es geräumt worden sei?

CHAMBERLAIN *zitiert weiter:* He had no doubt that the Fuehrer would keep the peace and would also ensure that those, who might be opposed to the annexation, would not be persecuted. A few points of the German memorandum, however, seemed to have been misunderstood in England.

SCHMIDT *übersetzt:* Er habe keine Zweifel, daß der Führer die Ordnung aufrecht erhalten werde und auch dafür sorgen würde, daß diejenigen Bewohner, die gegen den Anschluß eingestellt seien, nicht verfolgt würden. Einige Punkte im deutschen Memorandum seien aber in England mißverstanden worden.

CHAMBERLAIN *zitiert das Ende seiner Erwiderung:* So, one might ask, what was the meaning of the stipulation that cattle must not be taken out of this area. Did that mean that one will evacuate the farmers, but hold back the cattle?

SCHMIDT *übersetzt:* So habe man sich gefragt, was die Bestimmung zu bedeuten habe, daß aus diesem Gebiet kein Vieh weggeführt werden dürfe ...

[HITLER *fällt Schmidt ins Wort:* Dazu müsse der Führer sofort etwas bemerken.]*

SCHMIDT: [Darf ich?] Bedeute dies, daß man die Bauern fortschicken, aber ihr Vieh zurückbehalten werde?

HITLER: Der Führer erwiderte, daß in dem an Deutschland abzutretenden Gebiet selbstverständlich die deutschen Gesetze Anwendung finden würden. Im übrigen sei es genau umgekehrt. Gegenwärtig trieben die Tschechen das Vieh der deutschen Bauern fort und nicht umgekehrt.

Entscheidend schiene zu sein, ob man die Frage als einen deutsch-tschechischen Konflikt betrachte, der in 14 Tagen gelöst werden würde, oder aber als ein Problem von europäischer Bedeutung. Wenn es sich um ein europäisches Problem handele, dann müßten die Großmächte ihre Autorität in die Waagschale werfen und die Verantwortung dafür übernehmen, daß die Übergabe richtig erfolge. Falls nämlich die tschechische Regierung diese Vorschläge nicht annehmen wolle, dann sei es klar, daß die größte Autorität moralischer Art, die überhaupt bestehen müßte, nämlich die Autorität, die durch die Unterschrift der hier versammelten Staatsmän-

---

* Dieser Satz Hitlers ist das einzige, das der o.g. Quelle hinzugefügt wurde.

ner verkörpert werde, nicht ausreichen würde. In diesem Falle würde nur Gewaltanwendung die Frage lösen können.

CHAMBERLAIN *beginnt seine Erwiderung zu zitieren:* Prime Minister Chamberlain said, he would have no objections to raise against the suggested deadlines. The Czech question was a European question, and the Big Powers would not only have the right to solve it but also the duty.

SCHMIDT *übersetzt:* Premierminister Chamberlain erwiderte, er habe gegen die vorgeschlagenen Termine keine Einwendungen zu erheben. Die tschechische Frage sei eine europäische Frage, und die Großmächte hätten sie zu lösen nicht nur das Recht, sondern auch die Pflicht.

CHAMBERLAIN *zitiert weiter:* They would also have the duty to ensure that the Czech Government did not try to prevent the evacuation of the area either through foolishness or inflexibility.

SCHMIDT *übersetzt:* Sie hätten auch dafür zu sorgen, daß die tschechische Regierung nicht aus Unvernunft und Hartnäckigkeit die Räumung ablehne.

CHAMBERLAIN *zitiert weiter:* He would wish that the authority of the Big Powers would be applied in the correct way. And therefore he intended firstly to distribute the Duce's plan and to interrupt the meeting for a short time in order to further study this plan. Such a procedure should not be seen as a delay.

SCHMIDT *übersetzt:* Er habe den Wunsch, die Autorität der Großmächte in der richtigen Weise anzuwenden, und darum habe er vor, den Plan des Duce zunächst zu verteilen und die Sitzung auf kurze Zeit zu unterbrechen, damit dieser Plan studiert werden könne. Ein solches Verfahren bedeute keine Verzögerung.

DALADIER *ergreift das Wort und zitiert:* Le Président du Conseil Daladier dit qu'à Londres, il avait déjà pris ses responsabilités, quand, sans avoir interrogé le gouvernement tchèque, il avait accepté en principe la cession des territoires allemands. Qu'il avait adopté ce point de vue bien que la France eût signé un traité d'alliance avec la Tchécoslovaquie.

SCHMIDT *übersetzt:* Ministerpräsident Daladier führte aus, daß er bereits seine Verantwortung in London übernommen habe, als er, ohne die tschechische Regierung zu fragen, aus Prinzip die Abtretung des deutschen Gebiets angenommen habe. Er habe diesen Standpunkt eingenommen, obwohl Frankreich einen Bündnisvertrag mit der Tschechoslowakei habe.

DALADIER *zitiert weiter:* Au cas où la consultation d'un représentant de Prague susciterait des difficultés, il était prêt à y renoncer, dans la mesure où il importait que la question soit réglée rapidement.

SCHMIDT *übersetzt:* Falls die Zuziehung eines Prager Vertreters Schwierigkeiten mache, sei er bereit, darauf zu verzichten, denn es komme darauf an, daß die Frage schnell gelöst werde.

HITLER: Der Führer erwiderte hierauf, daß wenn ein Dokument mit den Unterschriften der vier Staats-

männer trotzdem von der Prager Regierung abgelehnt werde, letzten Endes Prag nur die Gewalt
respektiere.

*Die Staatsmänner beginnen den Raum zu verlassen.
Zuerst Chamberlain und Mussolini. Daladier tritt zu
Hitler und Schmidt, sagt etwas in Französisch, wobei
mit französischem Akzent der Name des legendären
deutschen Infanteristen »Christian Grumbeis«* fallen
kann, und sie verlassen miteinander als letzte den
Raum.***

---

  * »Zum Gedächtnis des Infanteristen Christian Grumbeis, geboren den 11. April 1897 in Aichach bei Augsburg, gestorben in der
Karwoche 1918 in Karasin/Südrußland« lautet die Widmung Bertolt Brechts für seine »Legende vom toten Soldaten«. Das Gedicht
beschreibt, wie der Soldat wieder ausgegraben und kriegsverwen-
dungsfähig erklärt wurde. Das Gedicht wurde 1989 fortgeschrie-
ben, indem in Szene gesetzt wurde, wie der am Ende des ersten
Weltkriegs in Verdun erneut gefallene Soldat im Juli 1940 von den
wieder einmarschierten deutschen Truppen zum zweiten Mal ausgegraben wird ...

  ** Am 3. 10. 95 moderierte Roger Willemsen, während die Pro-
tagonisten das Führerzimmer verließen, anhand von
Text 2:
Damit endete damals der erste Teil der historischen Beratung.
Wir aber beginnen hier vor Ihnen, was man eine Rückblende
nennt. – Wie eigentlich war es zu jenem diplomatischen Quartett
am münchener Kamin im September 1938 gekommen? Was alles
war dem vorausgegangen? Wen hatte Adolf Hitler auf seinem
bayerischen Obersalzberg empfangen? Mit wem hatte er sich in
einem diskreten Hotel im Rheintal getroffen; und was wurde da
beredet? Was für Kontroversen, was für Kompromisse?
Der Terminus W i e d e r v e r e i n i g u n g, übrigens, hatte damals
mit Österreich zu tun.
Sie werden sich wundern, und Sie werden begreifen. In Rückblende also: Die Monate vor dem friedenstiftenden Abkommen
von München.

4 BERCHTESGADEN 1

Auf der Leinwand erscheint ein Titel bzw. wechselt das aus dem Beratungszimmer übertragene Bild mit einem Titel: *

> Berchtesgaden
>
> 7 Monate vor dem Münchner Abkommen erklärt Hitler, daß er die deutsche Einheit verwirklichen wird, und protestiert gegen österreichische Grenzbefestigungen.

---

* Bevor alle Teile mit solchen Titeln versehen wurden, gemäß Peter Voigts Vorschlag einer Episierung des Ganzen, dienten Titel nur dazu, hie und da etwas hervorzuheben. Dazu sollte es, nach der zeitlichen Zuordnung, hier, mit oder ohne Fragezeichen, heißen »Deutschland einig Vaterland (1)« und zu Anfang des nächsten Teils »Deutschland einig Vaterland (2)«.

Links und rechts neben der Leinwand befinden sich zwei Podeste. An den Seiten, die der Leinwand zugewandt sind, führen Stufen zu den Podesten. Das eine Podest ist so groß, daß drei Personen und ein längerer Tisch mit 3 Sitzgelegenheiten auf ihm Platz haben. Auf diesem Podest steht jetzt eine Person und zwar mit dem Rücken zum Publikum. (Es ist der Darsteller des Hitler, und er wird sich erst im Verlauf des folgenden Dialogs zum Publikum hinwenden.)

Von der Seite tritt jemand auf (es ist der Darsteller des Schuschnigg) und begibt sich in die Mitte der Bühne.

SCHUSCHNIGG: Ich bin Dr. Kurt von Schuschnigg, und als die folgende Unterredung stattfand, war ich noch österreichischer Bundeskanzler.

Er geht eventl. ein Stück in Richtung Podest, bleibt stehen und wendet sich wieder um.

Am 11. Februar 1938 war ich in aller Stille mit dem Nachtzug von Wien nach Salzburg gefahren, wo mich ein Auto über die Grenze zum Obersalzberg bei Berchtesgaden gebracht hatte.

Auf der Leinwand erscheint in Farbe ein Alpenpanorama, wie es in etwa vom »Obersalzberg« bei Berchtesgaden aus zu sehen sein dürfte.

Ich habe die Unterredung nachher aus dem Gedächtnis niedergeschrieben.*

Er begibt sich auf das Podest.

---

* Kurt von Schuschnigg, *Ein Requiem in Rot-Weiß-Rot*, Zürich 1946, S. 37 ff.

Dieser wundervoll gelegene Raum ist wohl schon Schauplatz mancher entscheidenden Besprechung gewesen, Herr Reichskanzler.

HITLER: Ja – hier reifen meine Gedanken. – Aber wir sind ja nicht zusammengekommen, um von der schönen Aussicht und vom Wetter zu reden.

SCHUSCHNIGG: Ich möchte zunächst danken, Herr Reichskanzler, daß Sie mir die Gelegenheit zu dieser Aussprache gegeben haben; ich versichere vor allem, daß es uns mit dem Abkommen vom Juli 1936 sehr ernst ist und daß uns alles daran liegt, die noch bestehenden Schwierigkeiten und Mißverständnisse aus dem Wege zu räumen. Wir haben jedenfalls alles dazu getan, um zu beweisen, daß wir dem Sinn und Wortlaut des Abkommens gemäß eine deutsche Politik zu führen entschlossen sind.

HITLER: So, das nennen Sie eine deutsche Politik, Herr Schuschnigg? Sie haben im Gegenteil alles dazu getan, um eine deutsche Politik zu vermeiden. Sie sind zum Beispiel ruhig im Völkerbund geblieben, obwohl das Reich austrat. Und das nennen Sie deutsche Politik?

SCHUSCHNIGG: Aus dem Völkerbund auszutreten, hat niemand von Österreich verlangt. Wir konnten auch nicht annehmen, daß ein solcher Schritt Österreichs erwünscht sei, denn zum Zeitpunkt des Abkommens vom Juli 1936 war das Reich schon längst ausgetreten, ohne an uns jemals eine bezügliche Aufforderung zu richten. Wir glaubten im Gegenteil durch unser Verbleiben im Völkerbund der gemeinsamen Sache zu nützen und wurden in dieser Auffassung vom gleichfalls ausgetretenen Italien bestärkt, ganz abgesehen davon, daß Österreich schon aus staatsfinanziellen Gründen aus dem Völkerbund nicht austreten könnte.

HITLER: Das ist ganz selbstverständlich, daß Sie auszutreten hatten. Übrigens hat Österreich überhaupt nie etwas getan, was dem Deutschen Reich genützt hat. Seine ganze Geschichte ist ein ununterbrochener Volksverrat. Das war früher nicht anders wie heute. Aber dieser geschichtliche Widersinn muß endlich sein längst fälliges Ende finden. [Und das sage ich Ihnen, Herr Schuschnigg: Ich bin fest dazu entschlossen, mit dem allen ein Ende zu machen.] Das Deutsche Reich ist eine Großmacht, und es kann und wird ihm niemand dreinreden wollen, wenn es an seinen Grenzen Ordnung macht.

SCHUSCHNIGG: Ich kenne Ihre Auffassung über die österreichische Frage und die österreichische Geschichte, Herr Reichskanzler; aber Sie werden verstehen, daß ich hier grundlegend anderer Meinung bin. Für uns Österreicher ist die ganze Geschichte ein sehr wesentliches und wertvolles Stück deutscher Geschichte gewesen. Und die österreichische nationale Leistung ist sehr beträchtlich.

HITLER: Gleich Null! Ich kann Ihnen nur nochmals sagen, daß es so nicht weitergeht. Ich habe einen geschichtlichen Auftrag, und den werde ich erfüllen, weil mich die Vorsehung dazu bestimmt hat.

Ich bin felsenfest davon durchdrungen und glaube daran. Ich bin gottgläubig und religiös, wenn auch nicht in einem kirchlich gebundenen Sinne. [Denken Sie an den Weg, den ich genommen habe.] Heute gibt es keine Parteien, Klassen, Zersplitterungen mehr im deutschen Volke. Alle wollen dasselbe. Ich hatte es mir ja noch anders gedacht: ich wollte das deutsche Volk in den beiden großen Kirchen, der katholischen und einer zentralen evangelischen, einen und mit den Kirchen meine Aufgabe lösen. Das hat sich als undurchführbar erwiesen, weil die Kirchen nicht wollten; daher wird es jetzt ohne und notfalls gegen die Kirchen gemacht. Wer nicht mittut, kommt unter die Räder. Schauen Sie sich in Deutschland um, Herr Schuschnigg, und Sie werden nur einen Willen finden. Mir war meine Aufgabe vorgezeichnet, ich bin den schwersten Weg gegangen, den je ein Deutscher gehen mußte, und ich habe in der deutschen Geschichte das Größte geleistet, was je einem Deutschen zu leisten bestimmt war. Und zwar nicht mit Gewalt. Ich bin getragen von der Liebe meines Volkes. Ich kann mich jederzeit frei und unbewacht unter meinem Volk bewegen. Weil ich eben von der Liebe und vom Vertrauen des deutschen Volkes getragen bin. Ich hätte es Ihnen gewünscht, daß Sie meine Fahrt unlängst in Hamburg oder auch in Augsburg hätten miterleben können, Herr Schuschnigg, wo immer, ich brauchte die Polizei nur, daß sie die Menschen zurückdrängt und schützt im Gedränge, weil die

Begeisterung sie mitreißt, aber nicht zu meinem Schutz.

SCHUSCHNIGG: Das glaube ich Ihnen ja gerne, Herr Reichskanzler!

HITLER: Ich könnte mit dem gleichen und noch viel mehr Recht mich als Österreicher bezeichnen als Sie, Herr Schuschnigg! Versuchen Sie es doch einmal und machen Sie eine freie Volksabstimmung in Österreich, in der Sie und ich gegeneinander kandidieren; dann werden Sie sehen!

SCHUSCHNIGG: Ja, wenn das möglich wäre! Aber Sie wissen selbst, Herr Reichskanzler, daß es eben nicht möglich ist. Ich sehe die Dinge anders. Wir müssen nun einmal nebeneinander leben; der Kleine neben dem Großen. Wir haben gar keine andere Wahl. Darum bitte ich Sie, die konkreten Beschwerden mir zu sagen. Wir werden alles dazu tun, um Abhilfe zu schaffen und, soweit es irgend an uns liegt, das freundschaftliche Einvernehmen herzustellen. Wir wollen ja gar nichts anderes als leben, um dabei unseren deutschen Beitrag wie eh und je in Mitteleuropa zu leisten.

HITLER: Das sagen Sie, Herr Schuschnigg. Ich sage Ihnen, ich werde die ganze sogenannte österreichische Frage lösen, und zwar so oder so! Glauben Sie, ich weiß nicht, daß Sie die österreichische Grenze gegen das Reich befestigen lassen ...

SCHUSCHNIGG: Davon ist keine Rede ...

HITLER: Lächerliche Sprengstollen lassen Sie in Brükken und Straßen treiben ...

SCHUSCHNIGG: Davon müßte ich auch etwas wissen ...

HITLER: Glauben Sie doch nicht, daß Sie auch nur einen Stein bewegen können, ohne daß ich es schon am anderen Morgen in allen Einzelheiten erfahre.

SCHUSCHNIGG: Es kann sich höchstens um primitive Sicherungen handeln, die wir – zum Teil als Antwort gegen die tschechoslowakischen Straßensperren – vorkehren müssen, und zwar gleichmäßig an allen Grenzen, auch am Brenner. Einen Schutz gegen illegale Einbrüche kann man uns nicht verargen.

HITLER: Ich brauche nur einen Befehl zu geben, und über Nacht ist der lächerliche Spuk an der Grenze zerstoben. Sie werden doch nicht glauben, daß Sie mich auch nur eine halbe Stunde aufhalten können? Wer weiß – vielleicht bin ich über Nacht auf einmal in Wien; wie der Frühlingssturm! Dann sollen Sie etwas erleben! Ich möchte es den Österreichern gerne ersparen; das wird viel Opfer kosten; nach den Truppen kommt dann die SA und die Legion; und niemand wird die Rache hindern können, auch ich nicht! Wollen Sie aus Österreich ein zweites Spanien machen? Das alles möchte ich, wenn es angeht, vermeiden.

SCHUSCHNIGG: Ich werde mich erkundigen und alle eventuellen Grenzarbeiten an der deutschen Grenze einstellen lassen. Ich weiß natürlich, daß Sie in Österreich einmarschieren können; aber, Herr Reichskanzler, ob wir es wollen oder nicht – das wird ein Blutvergießen geben; wir sind nicht allein auf der Welt. Das bedeutet wahrscheinlich den Krieg.

HITLER: Das sagt sich sehr leicht; jetzt, wo wir beide in Klubsesseln sitzen. Aber dahinter steht eine Unsumme von Leid und Blut. Das wollen Sie auf Ihre Verantwortung nehmen, Herr Schuschnigg? Glauben Sie nur nicht, daß mich irgend jemand in der Welt in meinen Entschlüssen hindern wird! Italien? – Mit Mussolini bin ich im reinen; ich bin mit Italien aufs engste befreundet. England? – England wird keinen Finger für Österreich rühren. Dort, wo Sie sitzen, ist vor kurzem erst ein englischer Diplomat gesessen. Und draußen vor dem Fenster sind Hunderte von Österreichern vorübergezogen, Männer, Frauen und Kinder, verhungert und abgerissen; das Elend hat man ihnen angesehen. Und sie sind alle nur gekommen, um mich zu sehen, um mich als den Erlöser anzuflehen, daß ich sie endlich rette. – Diese Menschen habe ich dem Engländer gezeigt. Der ist verstummt und sehr nachdenklich geworden; er hat mir nicht widersprochen. Von England haben Sie nichts zu erwarten! Und Frankreich? – Ja, vor zwei Jahren noch, als wir mit einer Handvoll Bataillone ins Rheinland einmarschierten – damals habe ich viel riskiert. Wenn Frankreich damals marschiert wäre, hätten wir uns zurückziehen müssen; vielleicht um 60 km; dann hätten wir sie auch damals gehalten. Aber jetzt ist es für Frankreich zu spät!

Alle Welt muß wissen, daß es für eine Großmacht einfach unerträglich ist, wenn an ihren Grenzen jeder kleine Staat glaubt, sie provozieren zu können. Ich habe lange genug untätig zugesehen. Weil ich immer noch hoffte, daß die Vernunft die Oberhand bekäme. Aber das ist einfach unmöglich, daß in Österreich einer, bloß weil er ein Lied singt, das Ihnen nicht paßt, oder ›Heil Hitler‹ sagt, ins Gefängnis kommt. Die Verfolgung der Nationalsozialisten muß ein Ende haben, sonst werde ich ein Ende machen.

SCHUSCHNIGG: In Österreich wird niemand verfolgt, der sich nicht gegen die Gesetze vergeht. Unsere Gesetze und die Verfassung, die keine Parteien kennt, hat das Reich im Abkommen vom 11. Juli 1936 selbst anerkannt. Das Vergangene sollte vergessen sein, in der Zukunft aber jede illegale Tätigkeit unterbunden werden. Das war vereinbart. Im übrigen gibt es jetzt keine Nationalsozialistenverfolgung in Österreich.

HITLER: Ich kenne die Lage in Österreich besser als Sie. Kein Tag vergeht, an dem ich nicht beschworen werde, endlich einzugreifen.

SCHUSCHNIGG: Vielleicht würden Sie an Ort und Stelle anders denken, Herr Reichskanzler, Sie kennen ja Wien.

HITLER: Das ist sehr lange her.

SCHUSCHNIGG: Seither waren Herr Reichskanzler niemals in Österreich?

HITLER: Die österreichische Regierung hat mir ja die Einreise verboten. Einmal war ich vor Jahren noch nachts in Wien – und dann heimlich am Grabe meiner Eltern; so behandelt man mich.

Ich will Ihnen jetzt noch einmal, zum letzten Mal, die Gelegenheit geben, Herr Schuschnigg. Entweder wir kommen zu einer Lösung, oder die Dinge sollen laufen; wir werden dann ja sehen, wie das werden wird. Am nächsten Sonntag trete ich vor die deutsche Nation; bei meiner Rede vor dem Reichstag muß das deutsche Volk wissen, wie es daran ist. Überlegen Sie es sich gut, Herr Schuschnigg; – ich habe nur mehr Zeit bis heute nachmittag. Wenn ich Ihnen das sage, dann tun Sie gut daran, mich wörtlich zu nehmen. Ich bluffe nicht. [Meine ganze Vergangenheit beweist dies zur Genüge.] Ich habe noch alles erreicht, was ich wollte, und bin vielleicht dadurch zum größten Deutschen der Geschichte geworden. Ich pflege nicht viel zu reden oder anzukündigen; anders wie zum Beispiel Mussolini. Der hat einen anderen Stil. – Aber neben meinem Namen gibt es noch andere große deutsche Namen; wenn ich heute die Augen schließe, ist für alles vorgesorgt. Wir haben einen Göring, einen Heß, einen Frick, einen Epp und zahllose andere. Ich gebe Ihnen die einmalige Gelegenheit, Herr Schuschnigg, daß Sie auch Ihren Namen in die Reihe der großen Deutschen einfügen können. Das wäre eine verdienstliche Tat, und alles könnte sich regeln. Ich weiß, daß man gewisse Besonderheiten in Österreich berücksichtigen muß; das wird keine Schwierigkeiten machen.

SCHUSCHNIGG: Herr Reichskanzler, Sie kennen meinen grundsätzlichen Standpunkt, den ich aus persönlicher Überzeugung und auch pflichtgemäß vertrete! –

Welches sind Ihre konkreten Wünsche?

HITLER: Darüber können wir uns am Nachmittag unterhalten.

Hitler dreht dem Publikum wieder den Rücken zu.

SCHUSCHNIGG *verläßt das Podest und geht in die Mitte der Bühne:* In entspannter Stimmung meinte Hitler zum Abschluß: Für die nächsten Jahre seien die österreichisch-deutschen Beziehungen nunmehr geregelt; nach fünf Jahren sehe die Welt wieder anders aus. Wir hatten, wie es in dem einige Tage später verlautbarten Kommuniqué hieß, »beiderseits Maßnahmen beschlossen, die (…) ein so enges freundschaftliches Verhältnis zwischen den beiden deutschen Staaten gewährleisten sollten, wie es dem Interesse des deutschen Volkstums entspricht«. Daß es bereits einen Monat später zur Wiedervereinigung kam, hat damals wohl nicht einmal Hitler für möglich gehalten.[*]

Schuschnigg geht ab.

---

[*] Kurt von Schuschnigg, *Im Kampf gegen Hitler. Die Überwindung der Anschlußidee*, Wien/München/Zürich 1969, S. 242 f.

5 SCHMIDTS VORSTELLUNG

Auf der Leinwand wechselt das Alpenpanorama mit folgendem Titel, der bis auf weiteres stehen bleibt:

> Dr. Paul Schmidt erinnert sich an Vorkriegszeiten
> und beklagt den Verlust einer wertvollen Uhr.

Währenddessen ist Schmidt gekommen. Er hat sein Buch unterm Arm, und sein Weg führt ihn am Publikum vorbei.

AUS DEM PUBLIKUM: Schmidt, Schmidt! Da ist ja der Schmidt.

SCHMIDT, *der inzwischen auf der Bühne angekommen ist:* Jawohl, ich bin Schmidt! Dr. Paul Schmidt, aber ich unterschreibe auch einfach mit »Schmidt«.

Und so wurde ich im Jahre 1937 begrüßt, als ich in der Kolonne Mussolinis durch die Straßen Berlins fuhr.

Schmidt nimmt sein Buch in die Hand.*

Der eigentliche Urheber war ein Berliner, der (...) das Ereignis an sich vorüberrollen sah. »Schmidt, Schmidt!«, rief er plötzlich, »da ist ja der Schmidt!« Ich drehte mich nach ihm um und erkannte ... einen alten Schulfreund, den ich natürlich mit eifrigem Zylinderschwenken (...) begrüßte. Das war das Signal für die immer auf Ulk eingestellten Berliner, die in der Nähe dichtgedrängt standen, in einen wahren Beifallsorkan auszubrechen und den Ruf »Schmidt, Schmidt, da ist ja der Schmidt!« vielstimmig aufzunehmen. Zum Schreien waren sie ja schließlich hergekommen, und so benutzten sie die Gelegenheit mit Begeisterung. Alles nachzulesen in meinem Buch: *Statist auf diplomatischer Bühne 1923–45, Erlebnisse des Chefdolmetschers im Auswärtigen Amt mit den Staatsmännern Europas.*

Die Uhr, die Stresemann mir eine Woche vor seinem Tode schenkte, kann ich Ihnen leider nicht zeigen.

»Seinem treuen Mitarbeiter in Dankbarkeit Gustav Stresemann«, stand in seiner Handschrift auf dem Deckel eingraviert. Die Uhr hat mich jahrelang auf meinen Reisen begleitet. Ich verlor sie erst mit manch anderem teuren Andenken bei meiner

---

* Schmidt, *Statist auf diplomatischer Bühne* , S. 368 ff.

Gefangennahme durch die Amerikaner im Jahre 1945. (...)*

Vor den Nürnberger Gerichten trat ich als Zeuge der Verteidigung und der Anklage auf (...).

(Schmidt blickt auf.) »Na, Schmidt, wie ist hier der Tabak?«, rief mir Göring zu, der von früher her meine Vorliebe für englische Sorten kannte. Ich bestätigte ihm, daß er durchaus meinem Geschmack entspräche. »Aber Whisky kann ich Ihnen nun leider nicht mehr besorgen«, fügte er lachend hinzu.**

Regierungen kamen und gingen, Außenminister wechselten, aber für die deutschen Diplomaten änderte sich in der Vertretung der Interessen des Reiches nach außen bei all diesem Wechsel nichts. So war es ganz natürlich, daß sie die nationalsozialistische Regierung als eine genau so vorübergehende Erscheinung betrachteten wie deren Vorgänger und sich in ihrer Haltung nur von dem Gedanken leiten ließen, dem Lande zu dienen wie bisher. Die Idee der Permanenz des Dritten Reiches löste bei uns im Auswärtigen Amt nur ein Lächeln aus.

---

* Am 3. 10. 95 verschwand der Titel ebenso wie andere Titel, wenn das Geschehen über seinen Inhalt hinausging, also hier, nachdem Schmidt über den Verlust seiner Uhr gesprochen hatte. Für das weitere Geschehen könnten auch neue Titel erscheinen, hier z. B.: Schmidt begegnet einem alten Bekannten und relativiert die Idee der Permanenz des Dritten Reiches.

** Paul Schmidt, *Der Statist auf der Galerie 1945–50, Erlebnisse, Kommentare, Vergleiche*, Bonn 1951, S. 91

6 KRUPPPROZESS

*Auf der Leinwand erscheinen (eventl. nach einem Licht-
wechsel und eingeblendet in ein Bild des zerstörten
Nürnberg) die Titel:*

> N ü r n b e r g
> 8 Jahre nach dem Abkommen.
>
> Schmidt sagt im Kruppprozeß aus und bezeugt
> die Kontinuität der deutschen Außenpolitik.

*Hitler befindet sich irgendwo hinter Schmidt (eventl. am
Boden), so daß Schmidt ihn nicht sieht. Hitler benutzt
Schmidts zweites Buch,* und seine Fragen erreichen
Schmidt von hinten.*

---

* Paul Schmidt, *Der Statist auf der Galerie*, S. 188 ff.

HITLER *leise:* Herr Schmidt.

Nachdem Schmidt nicht reagiert, noch mal leise:

Herr Schmidt, hören Sie mich?

SCHMIDT: Ja.

HITLER: Sie ... *(zögernd)* Sie haben in Nürnberg doch auch als Zeuge in dem Prozeß ausgesagt, der gegen die Direktion der Krupp-Werke durchgeführt wurde?

SCHMIDT: Ja.

HITLER: [Darf ich Ihnen die Fragen stellen, die Ihnen damals von der Verteidigung gestellt wurden? Und geben Sie die Antworten, die Sie damals gegeben haben?

Hitler schaut in das Buch.]

Was würden Sie als die Ziele der deutschen Außenpolitik seit 1933 bezeichnen, Zeuge Schmidt?

SCHMIDT: Im großen bestanden sie darin, zunächst einmal alle Deutschen innerhalb und außerhalb der Grenzen unter eine Herrschaft zu bringen; und als zweite Etappe danach, entsprechend der Theorie des Lebensraumes, den Führungsanspruch Deutschlands auf dem europäischen Kontinent zu verwirklichen.

HITLER: Wie standen diese Ziele im Verhältnis zum Vertrag von Versailles?

SCHMIDT: ... fragte der Verteidiger zurück, und als ich erwiderte, daß der Vertrag von Versailles diesen Zielen entgegenstand, fuhr er fort:

HITLER: Es ist also richtig, zu sagen, daß ein Ziel der deutschen Außenpolitik seit 1933 war, sich von den Bindungen des Vertrages von Versailles zu lösen?

SCHMIDT: Als ich dies bejahte, stieß er sofort mit einer weiteren Frage nach:

HITLER: War das eine Neuerung der Außenpolitik seit 1933 oder war das nicht auch schon das Ziel der deutschen Außenpolitik vor diesem Zeitpunkt?

SCHMIDT: Nein, das war bereits vor diesem Zeitpunkt ein Ziel der deutschen Außenpolitik.

HITLER: Sie erwähnten nun als ein weiteres Ziel die Vereinigung der von Deutschen bewohnten Gebiete mit dem Deutschen Reich; ist das richtig?

SCHMIDT: Das ist richtig.

HITLER: An welche Gebiete speziell denken Sie dabei?

SCHMIDT: An Österreich und das Sudetengebiet, das Memelland, Danzig und Teile des sogenannten Polnischen Korridors.

HITLER: Entsprach es der allgemeinen Überzeugung, daß diese Gebiete wirklich von Deutschen bewohnt waren?

SCHMIDT: Jawohl, das war die allgemeine Überzeugung.

HITLER: Entsprach es auch der allgemeinen Überzeugung, daß diese Gebiete nach dem Wunsch ihrer eigenen Bevölkerung gern zu Deutschland gekommen wären?

SCHMIDT: Das trifft auch zu.

HITLER: Gab es für diese allgemeine Überzeugung bestimmte positive Anhaltspunkte – denken wir z. B. an Österreich?

SCHMIDT: Ja, da gab es sehr positive Anhaltspunkte. An die Äußerungen denke ich dabei, die kurz nach dem ersten Weltkrieg anläßlich von Volksabstimmungen in Österreich zum Ausdruck kamen.

HITLER: Das heißt, Volksabstimmungen, die den Anschluß an Deutschland wünschten?

SCHMIDT: Die meine ich.

HITLER: Ist Ihnen ein noch späterer Umstand bekannt, aus dem der Wille der damaligen österreichischen Regierung zu einer engeren Verbindung mit Deutschland für das deutsche Volk erkennbar wurde?

SCHMIDT: Jawohl, und zwar handelte es sich dabei um die Zollunion zwischen Österreich und Deutschland, die unter Brüning abgeschlossen werden sollte.

HITLER: Welches war das Schicksal dieser Zollunion?

SCHMIDT: Sie wurde infolge des Widerstandes des Völkerbundes undurchführbar. (...)

In ähnlicher Weise wurde das Sudetenproblem und die Frage des Memelgebiets behandelt. Die Ankläger machten sich eifrig Notizen, und die drei amerikanischen Richter, die links von mir auf einem erhöhten Podium vor der amerikanischen Flagge saßen, schienen diesen Ausführungen über die große Politik mit intensivem Interesse zu folgen. (...) Auch sie schrieben sich manche Punkte auf und stellten später eine Reihe direkter Fragen an mich, besonders als ich aufgefordert wurde, meine Aussagen auf englisch zu machen und mich auf diese Weise direkt an das Gericht wenden konnte. Inzwischen ging der außenpolitische Schnellkurs in Frage und Antwort weiter.

HITLER: Sie sprachen außer von diesen territorialen Wünschen oder Zielen der deutschen Außenpolitik von einem anderen Ziel, das Sie in etwa als Führungsanspruch bezeichneten. In Ihrem Affidativ *(Hitler hält ein Blatt Papier hoch)* ist das etwas anders wiedergegeben, und vielleicht liegt das an der Übersetzung. *(Hitler schaut auf das Papier.)* Dort ist nämlich gesagt, daß eines der Ziele der deutschen Außenpolitik die Beherrschung Europas gewesen sei. *(Hitler legt das Papier zurück ins Buch.)* Wollten Sie diese Beherrschung im Sinne von Führungsanspruch verstehen?

SCHMIDT: Jawohl.

HITLER: Das bedeutet also nicht eine territoriale Beherrschung oder eine militärische Unterwerfung, sondern ein politisches Supremat – möchte ich sagen.

SCHMIDT: Jawohl, das könnte es bedeuten.

HITLER: War dieses politische Supremat zu gründen auf irgendeine Form von Gewalt, oder sollte es sich nicht ergeben aus der Zahl des Volkes und der zentralen Lage Deutschlands und auch aus seiner wirtschaftlichen Kraft?

SCHMIDT: Das sehe ich auch so.

Hitler dreht sich auf dem Podest wieder um. Lichtwechsel.

SCHMIDT: Am Tage vor der Währungsreform erhielt ich einen telefonischen Anruf aus Nürnberg. (…)

Ich sollte das Schlußplädoyer des Hauptanwalts im Krupp-Prozeß ins Englische übersetzen. (…)

Es war nicht allein ein Plädoyer für Krupp. Es war ein Plädoyer für Deutschland. (…)

Die Anwälte in Nürnberg waren die ersten Deutschen, die sich nach 1945 mit Mut und Geschick für Deutschland einsetzten. (…)

Daß ihre Arbeit nicht umsonst gewesen ist, hat die weitere Entwicklung gezeigt – schrieb ich schon 1950.

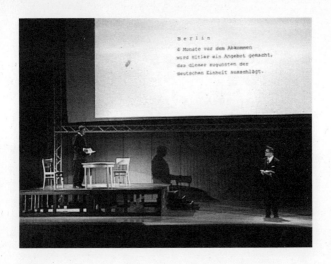

7 REICHSKANZLEI

Auf der Leinwand erscheint der Titel

> Berlin
>
> 6 Monate vor dem Abkommen wird Hitler
> ein Angebot gemacht, das dieser zugunsten
> der deutschen Einheit ausschlägt.

SCHMIDT: Kurz vor dem Anschluß Österreichs hatte
der britische Botschafter in Berlin, Sir Neville Henderson, eine Unterredung mit Hitler, … *(Schmidt
schaut wieder in sein Buch und liest weiter vor)* … die
in Berlin in Hitlers Arbeitszimmer in der Reichskanzlei stattfand. In ihrem Verlauf machte Henderson im Namen seiner Regierung einen sehr bemer-
kenswerten Vorschlag zur Kolonialfrage. Wäre er in

Wirklichkeit umgesetzt worden, hätte Deutschland in Zentralafrika tatsächlich wieder eigene Kolonialgebiete erhalten. Der Plan bestand darin, die zentralafrikanischen Besitzungen der europäischen Mächte in einen Topf zu werfen und dann unter Einschluß Deutschlands neu zu verteilen. (...)

HITLER: Als Henderson seine ziemlich langen Ausführungen beendet hatte, zeigte sich Hitler völlig uninteressiert. Mit Kolonien habe er es nicht eilig und könne vier, sechs, acht oder zehn Jahre warten.*

SCHMIDT: Aber ...

HITLER: Die englische Regierung solle sich nicht den Plänen für die deutsche Einheit feindlich entgegenstellen.

SCHMIDT: Schon damals im März lagen die österreichische und die tschechische Frage in der Luft. (...) Unter diesen Umständen definierte Henderson wie später Halifax – *(Schmidt schaut kurz aus dem Buch auf)* Halifax war der britische Außenminister – die Stellungnahme der britischen Regierung dahingehend, diese halte zwar in beiden Punkten Änderungen für möglich, aber nur, wenn sie auf friedlichem Wege vor sich gingen.

HITLER: Hitler erklärte dem britischen Botschafter, daß er einen Krieg riskieren würde, wenn andere Mächte seine Pläne bezüglich der 10 Millionen

---

* Documents on British Foreign Policy, Volume I 121, *Bericht Hendersons über die Unterredung mit Hitler*, zitiert nach: Boris Celovsky, *Das Münchener Abkommen 1938*, Stuttgart 1958, S. 175 f.

Deutschen in Österreich und der Tschechoslowakei zu durchkreuzen versuchten.

SCHMIDT *blättert weiter und liest weiter vor:* [Anfang September hatte ich wieder auf dem Parteitag – *(blickt auf)* in Nürnberg – Dienst, der in dem üblichen Rahmen, aber bei einer noch größeren Beteiligung des Auslands als in den Vorjahren stattfand. Lord Stamp, Lord Clive, Lord Holenden, Lord Brocket, Lord McGowan sowie der Unterhausabgeordnete Norbert Hulbert nahmen von englischer Seite nicht nur am Parteitag, sondern auch an einem besonderen Empfang teil, bei dem sie mit Hitler an einem Tisch saßen. Der englische Botschafter, der im Vorjahr nur zwei Tage in Nürnberg zugebracht hatte, blieb diesmal fast bis zum Ende des Parteitages. Ähnlich stark und repräsentativ war auch die Vertretung aus Frankreich und anderen Ländern. Den Gesprächen, die ich für diese Ausländer übersetzte, konnte ich die von Tag zu Tag steigende, ungeheure Spannung entnehmen, die im September 1938 in ganz Europa herrschte. Selten hatte ich so viel von Krieg und Kriegsgefahr übersetzen müssen wie in jenen Tagen. Bezeichnenderweise war einer derjenigen, der die Lage mit der größten Besorgnis ansah, der spanische Botschafter, der offen die Befürchtung aussprach, daß beim Ausbruch des Krieges die französische Regierung mit Unterstützung der spanischen Linkskreise dem Franco-Regime ein Ende bereiten würde.

Auch die Nachrichten, die von außen nach Nürnberg kamen, waren Sturmzeichen. Noch heute sehe ich die besorgten Gesichter einiger Kollegen vor mir, als sie mir eine britische Regierungserklärung für Hitler übergaben, in der ein gewaltsames Vorgehen Deutschlands gegen die Tschechoslowakei als Grund für ein Eingreifen der Westmächte bezeichnet wurde. Fast gleichzeitig hatte ich für Hitler eine Meldung aus London zu übersetzen, wonach Großbritannien sich möglicherweise zu einer militärischen Unterstützung der Tschechoslowakei bereitfinden würde.

Auf der Leinwand erscheint der Titel:

3 Wochen vor dem Abkommen

SCHMIDT: Das war am 11. September. (…)]
Am Morgen des 14. September trat die dramatische und sensationelle Wendung ein. Sie war in einem Text von sieben Zeilen enthalten, den ich für Hitler zu übersetzen hatte:
Währenddessen ist Chamberlain aufgetreten – am Publikumsrand nicht unweit der Stelle, wo später der Block der 80 stehen wird. Er hat in der einen Hand eine Reisetasche, in der anderen eine Art T a g e - b u c h .* Er entnimmt ein Blatt und bittet jemand im Publikum, das Blatt zu Hitler zu bringen. Schmidt

---

* Am 3. 10. 95 wurde statt dessen ein Brief verwendet (siehe die folgende Anmerkung).

nimmt das Blatt in Empfang und gibt den Inhalt wieder.

»Im Hinblick auf die zunehmende kritische Lage schlage ich vor, Sie sofort aufzusuchen, um den Versuch zu machen, eine friedliche Lösung zu finden. Ich könnte mich auf dem Luftwege zu Ihnen begeben und bin morgen abreisebereit. Teilen Sie mir bitte den frühesten Zeitpunkt mit, zu dem Sie mich empfangen können, und geben Sie mir den Ort der Zusammenkunft an. Ich wäre für eine sehr baldige Antwort dankbar. Neville Chamberlain.«

HITLER: Hitler ist überwältigt [und schickt sich an, das Podest zu verlassen. Auf der ersten oder zweiten Stufe bleibt er stehen] und ruft:

»Ich kann doch eigentlich nicht einen Mann seines Alters den ganzen Weg machen lassen; ich muß nach London gehen.«*

Hitler steigt noch ein, zwei Stufen weiter herab und hält dann inne.

Chamberlain geht ein, zwei Schritte vor. (Eventl. hat er sachte den Kopf geschüttelt, was zwar nur vom Publikum gesehen wird, sich aber offenbar mit den eigenen Überlegungen Hitlers getroffen hat. »Of course, when he considered it further he saw that wouldn't do,

---

* Keith Feeling, *The Life of Neville Chamberlain*, London 1946, S. 363. In dem dort abgedruckten Brief vom 19. September schreibt Chamberlain seiner älteren Schwester: »(...) I heard from Hitler himself, and it was confirmed by others who were with him, that he was struck all of a heap, and exclaimed: ›I can't possibly let a man of his age come all this way; I must go to London.‹«

and indeed it would not have suited me, for it would have deprived my coup of much of its dramatic force«, schrieb Chamberlain in einem Brief an seine ältere Schwester.*)

Hitler geht zurück auf das Podest. Schmidt entfernt sich wieder von ihm.

* Feeling, S. 363

8 BERCHTESGADEN 2

Auf der Leinwand erscheint der Titel

Berchtesgaden 2

2 Wochen vor dem Abkommen überrascht der englische Premierminister Hitler mit einem Besuch und
berichtet seiner älteren Schwester in einem Brief.

SCHMIDT: Am nächsten Mittag holten wir Chamberlain in München vom Flughafen ab.
*Chamberlain tritt zu Schmidt und setzt die Reisetasche
ab.**

---

* Am 3. 10. 95 erfolgte hier und im nächsten Teil der Auftritt
von Chamberlain zu dem zeitgenössischen Lied »God bless you,
Mr. Chamberlain«, das in dem gleichnamigen Dokumentarfilm
von Denys Blakeway und Robert Harris zu hören ist (BBC 1988).

SCHMIDT: Als erster verließ Chamberlain das Flugzeug.

»Ich habe den Flug recht gut überstanden«, sagte er (…), »obgleich wir unterwegs zum Teil schlechtes Wetter hatten und ich noch nie in meinem Leben in einem Flugzeug gesessen habe.« In einem Sonderzug fuhren wir dann nach Berchtesgaden. (…)

Auf der Leinwand erscheint mit anderer Jahreszeit und anderem Wetter das gleiche Alpenpanorama wie beim Besuch von Schuschnigg.

Kurz vor Berchtesgaden begann es dann zu regnen, und als wir mit Chamberlain zum Berghof hinauffuhren, verfinsterte sich der Himmel mehr, und die Nebel sanken von den Bergen herab.

Chamberlain geht mit Schmidt zu Hitler, der auf halber Höhe der Stufen gewartet hat, nun herunterkommt und Chamberlain die Hand schüttelt.

HITLER: Hitler empfing seinen Gast am Fuße der Treppe, die zum Hause hinaufführte.

CHAMBERLAIN *schlägt sein Tagebuch auf und liest dem Publikum daraus vor (eventl. setzt er sich dazu auch an den Tisch auf dem Podest):* [A letter to his elder sister takes up the story.*]

… We then entered the house, and passed along a very bare passage through a smaller room to the celebrated chamber, or rather hall, one end of which is entirely occupied by a vast window. The view, towards S a l z b u r g must be magnificent, but …

---

* Feeling, S. 366 f.

SCHMIDT *greift ein. Höflich unterbricht er Chamberlain, legt sein eigenes Buch beiseite und streckt die Hand nach Chamberlains Tagebuch aus, das er nach der folgenden Bitte auch bekommt. (Oder er schaut dem am Tisch sitzenden Chamberlain einfach über die Schulter.)* May I ... Ich übersetze:

»Wir betraten dann das Haus, einen sehr kahlen Gang entlang durch einen kleineren Raum in jenes berühmte Zimmer (im Grunde eher eine Halle), dessen eines Ende ganz und gar von einem riesigen Fenster eingenommen wird. Die Aussicht auf S a l z b u r g hin muß großartig sein, aber an jenem Tag waren nur das Tal und die Bergspitzen zu erkennen. (...) An den Wänden hing eine Anzahl Bilder alter deutscher und italienischer Meister. Unmittelbar hinter mir hing eine enorme italienische Nackte. Wir setzten uns, ich neben Hitler, mit dem Dolmetscher auf seiner anderen Seite. Er machte einen sehr schüchternen Eindruck, und sein Gesicht entspannte sich nicht, während ich versuchte, einen small talk zu führen.«

CHAMBERLAIN *läßt sich sein Tagebuch wieder geben (oder hat es weiter vor sich auf dem Tisch) und liest seinen Part selber vor:*

THE SMALL TALK

»I have often heard of this room, but it's much larger than I expected.«

SCHMIDT *zu Hitler:* Mr. Chamberlain sagt: »Ich habe oft von diesem Raum gehört, aber er ist viel größer als ich erwartete.«

HITLER: »Sie in England haben doch allgemein große Räume.«

SCHMIDT *zu Chamberlain:* The Fuehrer has said: »It is you who have big rooms in England.«

CHAMBERLAIN: »You must come and see them sometime.«

SCHMIDT *zu Hitler:* Er sagt: »Sie müssen einmal kommen und sie sich ansehen.«

HITLER: »Ich würde (wohl) mit Mißfallenskundgebungen empfangen werden.«

SCHMIDT *zu Chamberlain:* He said: »I should be received with demonstrations of disapproval.«

CHAMBERLAIN: »Well, perhaps, it would be wise to choose the moment.«

SCHMIDT: »Nun, vielleicht müßte man den richtigen Augenblick dafür aussuchen.«

CHAMBERLAIN: At this H. permitted himself the shadow of a smile. *(Ende des »small talk«.)*

SCHMIDT: Hitler erlaubt sich den Schatten eines Lächelns.

HITLER *tut das. Anschließend sagt er:* Ziemlich unvermittelt fragte Hitler Chamberlain, ob er mit ihm allein unter vier Augen sprechen wolle, oder ob er von seinen Beratern unterstützt zu werden wünsche. »Auf jeden Fall muß natürlich Herr Schmidt als Dolmetscher dabei sein«, sagte Hitler, »aber er ist ja als Dolmetscher neutral und zählt zu keiner der beiden Gruppen mit.«

CHAMBERLAIN *aus seinem Buch:* I replied that, if convenient to him, I would prefer a tête à tête.

SCHMIDT *aus seinem eigenen Buch:* Ich wußte bereits, daß Chamberlain den Wunsch äußern würde, mit Hitler allein zu sprechen. Das war, mit Wissen Hitlers, zwischen den Deutschen und Engländern (...) vorher so vereinbart worden.

Schmidt legt sein eigenes Buch wieder weg und übersetzt aus Chamberlains Tagebuch.

»... er« – also Hitler – »und ich« – also Chamberlain – »und der Dolmetscher« – also ich – »gingen nach oben und durch einen Raum mit noch mehr Bildern (und noch mehr Nackten), bis wir in seinem eigenen Zimmer angelangt waren. Dieses war völlig schmucklos. Nicht einmal eine Uhr gab es, nur einen Ofen, einen kleinen Tisch mit zwei Flaschen Mineralwasser (von dem er mir nichts anbot), 3 Stühlen und einem Sofa. Hier setzten wir uns nieder und unterhielten uns drei Stunden lang.«

Schmidt wieder aus seinem eigenen Buch:

So hatte auch sein Bruder, Sir Austen Chamberlain, in Locarno und Genf immer Stresemann gegenübergesessen. (...)

Voller Lebhaftigkeit ging er (...) auf einzelne Punkte der Hitlerschen Ausführungen ein, gab die stereotype Antwort wegen der Pressefreiheit mit einem freundlichen, fast beschwichtigenden Lächeln und betonte dann, indem er Hitler fest ansah, daß er zur Erörterung jeder Lösungsmöglichkeit der deutschen Beschwerdepunkte bereit sei, daß aber unter allen Umständen die Gewaltanwendung ausgeschlossen bleiben müsse.

HITLER: »Gewalt«, fuhr Hitler auf, »wer spricht von Gewalt? Herr Benesch wendet diese Gewalt gegen meine Landsleute im Sudetenland an, Herr Benesch hat im Mai mobilisiert und nicht ich. (...) Ich lasse mir das nicht länger bieten. Ich werde in kürzester Frist diese Frage – so oder so – aus eigener Initiative regeln.«

SCHMIDT: Jetzt wurde auch Chamberlain (...) erregt. *Chamberlain bleibt aber völlig ruhig und gibt Schmidt wieder sein Tagebuch, der daraus wieder übersetzt.*

»An einem Punkt schien er« – also Hitler – »auszudrücken zu wollen, daß er sofort losschlagen werde, worauf ich« – Chamberlain – »mich entrüstete und ihm mitteilte, ich könne nicht erkennen, warum er mir gestattet habe, den ganzen Weg hierher zu machen, und daß ich offensichtlich meine Zeit verschwendete.«

Schmidt gibt das Tagebuch Chamberlain zurück und fährt aus seinem eigenen Buch fort.

Hitler zögerte einen Augenblick. Wenn er es tatsächlich zum Kriege kommen lassen will, dachte ich bei mir, dann ist der Augenblick jetzt da, und blickte ihn gespannt an. (...)

Aber das Erstaunliche geschah.

HITLER: Hitler zuckte zurück. »Wenn Sie für die Behandlung der Sudetenfrage den Grundsatz des Selbstbestimmungsrechtes der Völker anerkennen können, [sagte er] dann können wir uns anschließend darüber unterhalten, wie dieser Grundsatz in die Praxis umgesetzt werden kann.«

CHAMBERLAIN *schaut in sein Buch und sagt dann bzw. liest daraus vor:* I said I could give no assurance without consultation. My personal opinion was that on principle I didn't care two hoots wether the Sudetens were in the Reich, or out of it, according to their own wishes, but I saw immense practical difficulties in a plebiscite.

SCHMIDT *aus seinem Buch:* »Wenn in Anwendung des Selbstbestimmungsrechtes in der Tschechoslowakei eine Volksabstimmung unter den Sudetendeutschen abgehalten würde, wären die Schwierigkeiten ungeheuer«, erwiderte er. Trotzdem brauste Hitler nicht auf.

CHAMBERLAIN *aus seinem Buch:* I could, however, break off our talk now, go back and hold my consultations, and meet him again.

SCHMIDT: »Wenn ich Ihnen eine Antwort auf die Frage des Selbstbestimmungsrechtes geben soll, muß ich mich erst mit meinen Kabinettskollegen in England beraten«, sagte Chamberlain. »Ich schlage daher vor, daß wir unsere Unterhaltung an diesem Punkt abbrechen und ich sofort nach England zurückkehre, um diese Rücksprache zu halten und mich dann erneut mit Ihnen zu treffen.«
Als ich Hitler die Worte über den Abbruch der Besprechung übersetzte, blickte er etwas unruhig auf.

HITLER: Als Hitler jedoch hörte, daß Chamberlain sich wieder mit ihm treffen wollte, erklärte er sichtlich erleichtert sein Einverständnis.

»Das ist ein mögliches Vorgehen [sagte er]. Aber tut mir sehr leid, daß Sie zwei Reisen machen mußten. Beim nächsten Mal jedenfalls werde ich Sie irgendwo in der Nähe von Köln treffen.«

Schmidt legt sein Buch zur Seite, holt seinen Taschenkalender aus der Hosen- oder Jackentasche und zeigt Chamberlain auf einer darin befindlichen Karte, wo Godesberg liegt.

CHAMBERLAIN: A small town in Germany!

SCHMIDT: Not Bonn. Godesberg. But it's nearly the same. *(Zu Hitler:)* Er hat Bonn mit Godesberg verwechselt.

Chamberlain und Schmidt steigen vom Podest. Chamberlain geht ab (dorthin, wo später der Block der 80 aufstehen wird). F a l l s eine Pause gemacht werden soll, erscheint auf der Leinwand »Pause« und verlassen auch Schmidt und Hitler die Bühne.*

---

* Am 3. 10. 95 moderierte Roger Willemsen vor der Pause anhand von

Text 3:

Meine Damen und Herren.   Die Darsteller gönnen sich nun eine Pause; und Ihnen ebenfalls.

Im zweiten Teil der Darbietung dann erwartet uns: Europa in der dramatischen Balance zwischen Krieg und Frieden / Nichtfrieden und Nichtkrieg – die letzten Wochen und Tage bis zum Abkommen mit Adolf Hitler! Es werden stahlhelmbewehrte Menschen sich hier, in Ihrer Mitte, von den Plätzen erheben und Ihnen Gelegenheit zum Nachdenken geben; zu einer Musik von Ludwig van Beethoven – denn schließlich befinden wir uns in einer Musikhochschule.

Am Ende werde ich versuchen, Adolf Hitler für ein Interview zu gewinnen.
Sie haben für Ihre Pause 30 Minuten Zeit.

9 AM RHEIN

Auf der Leinwand erscheint der Titel

London

10 Tage vor dem Abkommen bespricht der englische Premierminister mit dem französischen die
Möglichkeit, den Krieg zu vermeiden.

*Spätestens ab jetzt hat auch ein Bär Platz genommen
(hinter den Zuschauern, die später die Divisionen der
Tschechoslowakei verkörpern).**

---

* Am 3. 10. 95 tauchte der Bär gegen Ende der Pause unter den
Zuschauern auf und wurde auf seinen Platz geführt. Der erste
Titel auf der Leinwand lautete dementsprechend: »Bitte bewahren
Sie Ruhe!« Zum London-Titel war hier und zu Beginn von Teil 13
das Big-Ben-Glockenspiel zu hören.

Chamberlain hält sich am Rande des Zuschauerraums auf (wo später der Block der 80 aufstehen wird). Dort kommt auch Daladier hin. Vor ihnen befindet sich ein Mikrophon.*

CHAMBERLAIN *tritt vor das Mikrophon und gibt wieder, was Chamberlain auf der Londoner Besprechung am 18. September sagte:*** Mr. Chamberlain (...) had just returned from making his personal contact with Hitler. As a result he was convinced that there would not be the slightest use to suggest any alternative proposals. The time for that had passed ...

EIN ÜBERSETZER AUS DEM PUBLIKUM *kann aufstehen und in Richtung Publikum übersetzen:* Mr. Chamberlain berichtete M. Daladier von seinem persönlichen Gespräch mit Hitler. Als Resultat dieses Gesprächs sei er fest davon überzeugt, daß es nicht den allergeringsten Nutzen habe, irgendwelche alternativen Vorschläge zu machen. Die Zeit dafür sei vorbei.

CHAMBERLAIN *zitiert weiter:* ... Negotiations could not be resumed exept on the basis of considering ways und means to put the priciple of self-determination into effect. If we would not accept this basis it meant war.

---

* Etwa so wie auf der Straße vor No. 10 Downing Street, wenn der Premierminister der Presse etwas mitteilt.

** Beide zitieren aus: Documents on British Foreign Policy, No. 928, *Record of Anglo-French Conversation held at No. 10 Downing Street on September 18, 1938*, S. 386; Übersetzungen: Michael Lichtwarck-Aschoff

DER ÜBERSETZER *kann in Richtung Publikum fortfahren:* Verhandlungen könnten einzig und allein auf der Grundlage wieder aufgenommen werden, daß das Selbstbestimmungsrecht wirksam werde. Wenn wir das nicht akzeptieren, bedeute es Krieg.

[Und was hat M. Daladier gesagt?]

Der Übersetzer wendet sich zu Chamberlain und Daladier und wiederholt seine Frage auf französisch.

DALADIER *tritt nun anstelle von Chamberlain zum Mikrophon und zitiert in Französisch aus seiner Erwiderung:* Accepter l'ultimatum de l'Allemagne, ce serait créer un grave précédent.

DER ÜBERSETZER *kann wieder übersetzen:* M. Daladier hat gesagt: Wenn wir dem deutschen Ultimatum nachgäben, schüfen wir damit einen sehr schwerwiegenden Präzedenzfall.

DALADIER *zitiert weiter:* Il s'ensuivrait alors inévitablement d'autres demandes allemandes et l'Allemagne considérerait que nous devons de la même façon et de nouveau céder.

DER ÜBERSETZER *kann zu Ende übersetzen:* Weitere deutsche Forderungen würden unweigerlich folgen und Deutschland würde sich auf den Standpunkt stellen, daß wir denen ebenso und wiederum nachzugeben hätten.

Daladier geht ab, während Chamberlain abwartend weiter stehen bleibt.

Währenddessen ist Hitler wieder auf dem Podest erschienen und kommt Schmidt in die Bühnenmitte.

SCHMIDT *liest aus seinem Buch vor:* Je öfter ich mir den Verlauf der entscheidenden Unterredung in Berchtesgaden durch den Kopf gehen ließ, um so hoffnungsvoller wurde ich in der Erinnerung, daß Hitler vor der äußersten Konsequenz zurückgeschreckt war. In Berlin allerdings herrschte unter dem Eindruck der Pressekampagne über die Zusammenstöße zwischen Deutschen und Tschechen immer noch tiefestgehender Pessimismus (...), als ich fünf Tage später, am Abend des 21. September, von Berlin nach Köln fuhr.

Hier traf am nächsten Mittag Chamberlain aus London ein; er wurde von uns in sein Hotel auf dem anderen Rheinufer gegenüber Godesberg geleitet.

Chamberlain nimmt die Reisetasche hoch, geht zu Schmidt, der ihn begrüßt und auf das andere Podest führt, wo auch die Reisetasche deponiert wird.
Auf der Leinwand erscheint der Titel

Am Rhein

Nach mehrfachem Übersetzen erhält Chamberlain, 7 Tage vor dem Abkommen, die deutschen Forderungen. Er hält sie für unerfüllbar.

und eine heutige Ansicht des Rheintals, in der auf der einen Seite der Petersberg zu sehen ist (»Chamberlains Berg«) und auf der anderen das Hotel »Dreesen«.

SCHMIDT: Noch am selben Nachmittag fand in Godesberg selbst, im Hotel Dreesen, zwischen Chamberlain und Hitler die erste Besprechung statt.

Schmidt hilft Chamberlain wieder von dessen Podest neben der Leinwand herunter und deutet mit ihm zusammen das Übersetzen an das andere Rheinufer an.* Während der folgenden Worte Schmidts kommt Hitler von seinem Podest herunter und begrüßt Chamberlain.

HITLER: Wieder war Hitler zunächst sehr freundlich, kam Chamberlain an der Hoteltür entgegen und erkundigte sich aufmerksam, wie seine Luftreise verlaufen sei und ob ihm seine Unterbringung im Hotel Petersberg gefalle. Er führte ihn dann in das im ersten Stockwerk gelegene Konferenzzimmer des Hotels, einen verhältnismäßig nüchternen Raum, wie ich ihn von meinen Sitzungen mit den Industriellen in den Hauptstädten Europas kannte.

Hitler führt Chamberlain auf das Podest beim Hotel »Dreesen«, wo sich beide an einen Tisch setzen und wohin ihnen Schmidt folgt. Der Platz zwischen Hitler und Chamberlain bleibt zunächst frei.

SCHMIDT: Wie ein verlorenes Häuflein wirkte unsere Gruppe in dem viel zu großen Raum, als Chamberlain über seine Besprechungen in London berichtete. (…) Zusammen mit der französischen Regierung habe er in London einen Plan aufgestellt, wonach die von den Sudetendeutschen bewohnten Gebiete an Deutschland übertragen werden sollten. (…)

---

* Da das Diapositiv des Rheintals überbreit ist, kann es beim Übersetzen auch jedesmal hin- und hergeschoben werden. Hier wäre also zunächst der Teil mit dem Petersberg zu sehen und nach dem Verschieben der Teil mit dem Hotel »Dreesen«.

Befriedigt lehnte er sich nach diesen Ausführungen in seinen Stuhl zurück, mit einem Gesicht, als wolle er sagen: »Habe ich nicht in diesen fünf Tagen großartig gearbeitet?« [Das war auch mein Eindruck, denn die Zustimmung der Franzosen und sogar der Tschechoslowakei zu einer regelrechten Gebietsabtretung erschien mir in diesem Augenblick als ein außerordentliches Entgegenkommen.]

Schmidt setzt sich auf den Stuhl zwischen Chamberlain und Hitler.

HITLER: Der Führer erwiderte, daß er bedauere, erklären zu müssen, daß dieser Plan nicht aufrechterhalten werden könne.* [Die Tschechoslowakei sei ein künstliches Gebilde; die Slowaken, die Ungarn und die Polen wären nach 1918 ohne Befragen in diesen Staat eingegliedert worden.]

Er trete selbstverständlich in erster Linie für die Sudetendeutschen ein. Pflichtgemäß mache er jedoch den englischen Premierminister auf die Forderungen der anderen Nationalitäten in der Tschechoslowakei aufmerksam und füge hinzu, daß [diese die warmen Sympathien des Deutschen Reiches hätten

---

* Aufzeichnung Schmidts, Akten zur deutschen auswärtigen Politik II, S. 562. *Oder statt dessen:* »Hitler bedankte sich für diese Bemühungen und sagte: ›Es tut mir furchtbar leid, aber das geht nicht mehr.‹« (Celovsky, S. 394) *Oder:* »Hitler (erklärte) ruhig, fast bedauernd, aber doch mit einer gewissen Festigkeit (…): ›Es tut mir sehr leid, Herr Chamberlain, daß ich auf diese Dinge jetzt nicht mehr eingehen kann. Nach der Entwicklung der letzten Tage geht diese Lösung nicht mehr.‹« (Schmidt, *Statist auf diplomatischer Bühne*, S. 401)

und daß] die Ruhe in Mitteleuropa nicht eher eintreten würde, bis nicht alle diese Nationalitäten in ihren Ansprüchen befriedigt sind. [Der Anschluß müsse in einigen Tagen und endgültig bis zum 1. Oktober durchgeführt werden. Die Lage sei äußerst gespannt. Sudetendeutsche Flüchtlinge strömten nach Deutschland, und man wisse nicht, welche Entwicklung in einigen Stunden oder Tagen in Prag eintreten könne.]*

CHAMBERLAIN *richtet sich in seinem Stuhl auf und zitiert ganz oder teilweise aus den britischen Aufzeichnungen:* The Prime Minister said, that he was both disappointed and puzzled at the Führer's statement. The Führer had said during their previous conversation that if he, the Prime Minister, could arrange for a settlement on the basis of self-determination he would be prepared then to discuss procedure. [(Mr. Chamberlain) had then expressed his personal opinion a being in favour of the principle of self-determination; he had recognised the basis of the German claim and the fact that it was not possible to expect the Sudetens to remain as citizens of Czechoslovakia. He had induced his colleagues, the French and the Czechs to agree to the principle of self-determination, in fact he had got exactly what the Führer wanted and without the expenditure of a

---

* Neville Henderson, *Failure of a Mission: Berlin 1937–1939*, London [reprinted Aug. 1944], in der Wiedergabe von Celovsky, S. 394 f.

drop of German blood. In doing so, he had been obliged to take his political life into his hands. As an illustration of the difficulties which he has had to face, he mentioned that when he undertook his first flight to Germany he was applauded by public opinion. Today he was accused of selling the Czechs, yielding to dictators, capitulating and so on. He had actually been booed on his departure today.]*

SCHMIDT: Chamberlain war aufs äußerste überrascht und empört. Er verstehe nicht, so sagte er, wie Hitler jetzt plötzlich, nachdem die in Berchtesgaden von ihm gestellte Forderung erfüllt sei – und das habe immerhin beträchtliche Mühe gekostet –, erklären könne, daß »diese Lösung nicht mehr gehe«.

HITLER: [Hitler wich zunächst aus.] Er könne mit der Tschechoslowakei so lange keinen Nichtangriffspakt schließen, bis nicht die Ansprüche Polens und Ungarns an dieses Land ebenfalls befriedigt seien. Dann kritisierte er (...) die Einzelheiten des von Chamberlain erläuterten Vertragssystems. Vor allem waren ihm die vorgesehenen Fristen viel zu lang. »Die Besetzung der abzutretenden Sudetengebiete muß sofort erfolgen«, erklärte er.**

SCHMIDT: So endete diese erste Zusammenkunft in dem unglückseligen Konferenzsaal von Godesberg

---

* Documents on British Foreign Policy, No. 1033, *Notes of a conversation between Mr. Chamberlain and Herr Hitler at Godesberg on September 22, 1938*, »... made by Mr. Kirkpatrick«, S. 467
** Schmidt, *Statist auf diplomatischer Bühne*, S. 401

mit einem schweren Mißklang. Verärgert kehrte Chamberlain wieder in sein Hotel auf dem Petersberg auf der gegenüberliegenden Seite des Rheins zurück.

Chamberlain, der derweil von Hitlers Podest gestiegen ist, deutet Übersetzen über den Rhein an und steigt auf sein Podest.

SCHMIDT: Am nächsten Morgen aber traf ein Brief von Chamberlain bei uns ein …

CHAMBERLAIN *von seinem Podest aus:* My dear Reichskanzler … *(spricht eventl. leise in Englisch weiter, während Schmidt für Hitler übersetzt)*

SCHMIDT: »My dear Reichskanzler. (…) Ich glaube, Sie sind sich nicht klar darüber geworden, daß es für mich unmöglich ist, einen Plan zu befürworten, von dem ich nicht weiß, ob er von der öffentlichen Meinung Englands, Frankreichs und der Welt im allgemeinen dahingehend aufgefaßt wird, daß er die Grundsätze, über die bereits Einigung besteht, ordnungsgemäß und ohne Gewaltandrohung zur Anwendung bringt … Wenn die deutschen Truppen, so wie Sie es vorschlagen, in das Sudetenland einrücken, so besteht für mich nicht der geringste Zweifel darüber, daß der tschechischen Regierung nichts weiter übrigbleiben wird, als ihren Streitkräften den Befehl zum Widerstand zu erteilen.« Der Brief (…) schlug bei uns wie eine Bombe ein. (…)

HITLER: Schließlich diktierte Hitler eine Antwort auf Chamberlains Schreiben.

»Wenn Sie mir mitteilen, Excellenz, daß die Übertragung des Sudetengebietes an das Reich grund-
sätzlich anerkannt worden ist, so muß ich Ihnen
leider darauf antworten, daß die theoretische An-
erkennung von Grundsätzen Deutschland gegenüber auch schon früher ausgesprochen wurde. (…)
Was mich interessiert, Excellenz, ist nicht die An-
erkennung eines Grundsatzes, sondern einzig und
allein seine Verwirklichung und zwar in der Weise,
daß durch sie in kürzester Frist den Leiden der
unglückseligen Opfer der tschechischen Tyrannei
ein Ende bereitet und gleichzeitig der Würde einer
Großmacht Rechnung getragen wird.«

SCHMIDT: In diesem Stil ging es über vier bis fünf
Schreibmaschinenseiten weiter. Es war keine Zeit
mehr, eine schriftliche englische Übersetzung an-
zufertigen, und so erhielt ich denn von Hitler den
Auftrag, diesen Brief persönlich Chamberlain zu
übergeben und ihn dabei mündlich zu übersetzen.

*Schmidt, »einen großen braunen Umschlag unter dem
Arm«, steigt von dem Podest herunter, deutet Übersetzen über den Rhein an, steigt zu Chamberlain auf das
Podest beim Petersberg, holt den Brief aus dem Umschlag und übersetzt etwas davon ins Englische, wobei
man vor allem mehrfach »Excellenz« hört. Chamberlain gibt Schmidt die Hand, der wieder vom Podest
heruntersteigt, Übersetzen über den Rhein andeutet
und zu Hitler aufs Podest steigt.*

HITLER: »Was hat er gesagt, wie hat er meinen Brief
aufgenommen?«

SCHMIDT: Ich berichtete über meine Eindrücke, und er schien einigermaßen beruhigt, als ich ihm sagte, daß Chamberlain äußerlich keine Erregung gezeigt, sondern nur erklärt habe, er würde sich heute noch schriftlich äußern.

Chamberlain hält auf seinem Podest einen Umschlag hoch.

SCHMIDT: Die Antwort wurde dann auch eine Stunde nach meiner Rückkehr (...) übergeben, und es folgte eine ziemlich ungeregelte und verwirrte Diskussion über das, was nun geschehen sollte.

Chamberlain zeigte in seinem Brief erneut Entgegenkommen. Er erklärte sich bereit, »als Vermittler« die Vorschläge, *(Schmidt wendet sich an Hitler)* »auf denen Eure Excellenz genau so wie gestern abend absolut bestehen«, der tschechoslowakischen Regierung zuzuleiten. Er bat daher, ihm diese Vorschläge in einem Memorandum zu übergeben.

Schmidt winkt vom Podest aus Chamberlain zu. Hitler schaut – eventl. durch einen Feldstecher – hinüber. Chamberlain winkt zurück und steigt von seinem Podest. Chamberlain deutet Übersetzen über den Rhein an, steigt zu Hitler aufs Podest und begrüßt Hitler. Beide setzen sich wieder an den Tisch und lassen den Platz zwischen sich frei.

SCHMIDT: Die Besprechung mit Chamberlain, die eine der dramatischsten während der ganzen Sudetenkrise war, begann kurz vor 11 Uhr abends, diesmal in einem kleinen Festsaal des Hotels, denn der Teilnehmerkreis hatte sich inzwischen sehr erweitert.

Schmidt setzt sich zwischen Hitler und Chamberlain.

HITLER: Hitler eröffnete die Besprechung. Er dankte dem britischen Premier, daß er keine Anstrengungen gescheut hat, eine friedliche Lösung zu finden. Seine, Hitlers, Vorfahren stammen aus Niedersachsen, so daß er sagen könne, er sei ebenso wie Chamberlain nordischen Ursprungs. Trotzdem aber habe es den Anschein, daß sie keine gemeinsame Basis zur Lösung dieses Problems finden könnten, obwohl er doch noch auf eine friedliche Lösung hoffe.*

CHAMBERLAIN: Chamberlain asked Herr Hitler to be a little more specific on how to find peaceful solutions.**

Hitler schiebt über den Tisch Chamberlain ein Schriftstück zu mit einer beigefügten Landkarte. Chamberlain schiebt das Schriftstück wiederum zu Schmidt zum Übersetzen.

---

* Celovsky, S. 396

** ebenda. *Und/oder verwendbar:* »[The Prime Minister said that he much appreciated the words of the Führer and his reference to his own efforts. He had listend with hope to what Herr Hitler had said regarding the possibility of finding a peaceful solution, but] perhaps Herr Hitler could tell him more about that as it had been agreed that afternoon that we were going to have a memorandum to consider.« (Documents on British Foreign Policy, No. 1073, *Notes of a conversation between the Prime Minister and Herr Hitler at Godesberg, September 23–4, 1938*, »... made by Mr. Kirkpatrick«, S. 499)

SCHMIDT: Zu Beginn (...) übersetzte ich das Memorandum.

»Die von Stunde zu Stunde sich mehrenden Nachrichten über Zwischenfälle im Sudetenland beweisen«, hieß es darin, »daß die Lage für das Sudetendeutschtum völlig unerträglich und damit zu einer Gefahr für den europäischen Frieden geworden ist.« Zurückziehung der gesamten tschechischen Wehrmacht aus dem auf einer Karte bezeichneten Gebiet, »dessen Räumung am 26. September beginnt und das am 28. September an Deutschland übergeben wird«, so lautete die Hauptbedingung. »Das geräumte Gebiet ist in dem derzeitigen Zustand zu übergeben«, »die tschechische Regierung entläßt alle wegen politischer Vergehen inhaftierten deutschstämmigen Gefangenen«, »Abstimmung (in gewissen Gebieten) unter Kontrolle einer internationalen Kommission«, lauteten einige der übrigen Punkte dieses nur wenige Schreibmaschinenseiten umfassenden Schriftstückes.

Schmidt schiebt das Schriftstück wieder zu Chamberlain.

Die Wirkung auf Chamberlain und die übrigen Engländer war verheerend. »Das ist ja ein Ultimatum«, rief Chamberlain und hob beschwörend die Hände hoch.

CHAMBERLAIN: »The Memorandum was an ultimatum and not a negotiation.«[*]

---

[*] Documents on British Foreign Policy, No. 1073, S. 504

[AUS DEM PUBLIKUM: Ein Diktat!]

SCHMIDT: »Ein Diktat«, warf Henderson ein, der immer gern deutsche Worte in die Unterhaltung einstreute. Chamberlain erklärte es in erregten Worten für völlig ausgeschlossen, daß er ein derartiges Ultimatum an die tschechische Regierung weiterleite. Nicht nur der Inhalt, auch der Ton des Schriftstückes würde bei seinem Bekanntwerden von der öffentlichen Meinung in den neutralen Ländern aufs schärfste abgelehnt werden. »Mit großer Enttäuschung und tiefem Bedauern muß ich feststellen, Herr Reichskanzler«, schloß Chamberlain seine Erwiderung, »daß Sie mich in meinen Bemühungen um den Erhalt des Friedens auch nicht im geringsten unterstützt haben.«

Chamberlain schiebt das Schriftstück zu Hitler, vor dem es bis auf weiteres liegen bleibt.

SCHMIDT: Hitler war von der Heftigkeit der englischen Reaktion anscheinend überrascht. Er wurde in die Defensive gedrängt. Reichlich unbeholfen erwiderte er auf den Vorwurf, daß er ein Ultimatum überreicht habe:

HITLER: »Es steht ja Memorandum darüber und nicht Ultimatum.«

Während Hitler »wie ein ertappter Schuljunge« dasteht und Chamberlain schweigt, steht jemand am rechten Rand des Publikums auf. Die Person wird hier als »X« bezeichnet und ist möglicherweise mit dem/ einem der Teilnehmer aus der heutigen tschechischen Republik identisch.

10 MOBILMACHUNG

Die Leinwand zeigt nach wie vor Hotel »Dreesen«.

x *im Stehen am rechten Rand des Publikums:* [Halt!]
Wie waren damals die militärischen Kräfteverhält-
nisse in Europa? Wer mußte wen wie sehr fürchten?
Vielleicht können in der Mitte des Saals mal ungefähr 52 Leute aufstehen.
Jetzt muß sich in der Mitte, also gegenüber der Lein-
wand oder etwas rechts davon, ein Block von 52 Perso-
nen im Publikum erheben und stehen bleiben. Dazu
erscheint auf der Leinwand der Titel:

> Hitler erhält in Godesberg eine unangenehme
> Nachricht.

X: 52, das ist die Anzahl der Divisionen Deutschlands im Jahre 1938. Bitte bleiben Sie stehen.

Am 18. September 1938, also zwischen dem Treffen in Berchtesgaden und dem Treffen in Bad Godesberg, gibt die Wehrmacht einen Dienstspruch durch, der den Aufmarsch von 36 der 52 Divisionen gegen die Tschechoslowakei vorsieht.

X *oder Teilnehmer aus der Tschechoslowakei:* Aber wir standen ihr nicht mit leeren Händen gegenüber.

Jetzt muß sich – während in der Mitte der Block der 52 weiter stehen bleibt – um den Redner herum, also am rechten Rand und von dem Block in der Mitte durch sitzendes Publikum räumlich getrennt, ein Block von ca. 34 Personen erheben. Jemand aus dem Publikum gibt Schmidt einen Zettel. Schmidt gibt den Zettel an Hitler weiter, der ihn liest und wieder an Schmidt gibt.

HITLER: »Lesen Sie Herrn Chamberlain diese Meldung vor.«

SCHMIDT: Ich übersetzte: »Soeben hat Benesch über den Rundfunk die allgemeine Mobilmachung der tschechoslowakischen Wehrmacht verkünden lassen.«

[Am linken Rand des Publikums steht jemand auf – »Y«, ein Buch in der Hand.

Y: Winston Churchill (in seinen Memoiren): »Die Unterjochung der Tschechoslowakei verringerte die Macht der Alliierten um die 21 regulären und die 15 oder 16 bereits mobilisierten Divisionen zweiter Linie der tschechischen Armee, aber auch um ihre Bergbefestigungen, die in den Tagen von München den Einsatz von 30 deutschen Divisionen, der Hauptmacht der mobilen und voll ausgebildeten deutschen Armee, erforderlich gemacht hätten. Nach den Aussagen der Generäle Halder und Jodl waren im Augenblick der Münchner Verständigung nur 13 deutsche Divisionen, von denen nur fünf aus voll einsatzfähigen Truppen bestanden, im Westen geblieben. Alles in allem bedeutete der Fall der Tschechoslowakei für uns sicherlich eine Einbuße, die auf etwa 35 Divisionen zu bewerten war.«*]

Jemand weiteres steht auf – »Z«, auch mit einem Buch in der Hand.

z: Ich gebe wieder, was der englische Historiker A. J. P. Taylor geschrieben hat:
»Die tschechoslowakische Armee war eine gewaltige Streitmacht, ihre gutausgerüsteten vierunddreißig Divisionen waren vielleicht schon allein der halb ausgebildeten deutschen Armee von 1938 gewachsen.«**

x: Aber es gab auch noch den gegenseitigen Vertrag mit Frankreich, der schon im Jahre 1925 abgeschlossen worden war und dem zufolge uns Frank-

---

* Winston Churchill, *Der Zweite Weltkrieg*, Bern 1954, S. 127. Wenn, wie am 3. 10. 95, dies gestrichen wird, ist bei »Z« mit dem Zitat zu beginnen und dann zu sagen: »Ich habe wiedergegeben, was der englische …«
** A.J.P. Taylor, *Die Ursprünge des Zweiten Weltkrieges*, Gütersloh 1962, S. 198 ff.

reich bei einem Einmarsch Deutschlands zu Hilfe zu eilen hatte. Und Frankreich hatte damals die größte Armee in Europa. Ja bitte, da drüben auf der anderen Seite des Publikums müßten sich jetzt noch einmal ungefähr 80 erheben.

Jetzt muß – während die Blöcke in der Mitte und am rechten Rand weiter stehen bleiben – am linken Rand sich ein Block von ca. 80 Personen erheben. Während der folgenden Worte kann sich auch der – von Anfang an in einer Ecke rechts vorne sitzende oder zwischenzeitlich erschienene – Bär erheben; er kann aber auch sitzen bleiben.

X: Frankreich wiederum hatte 1935 ein Beistandsabkommen mit der Sowjetunion geschlossen. Und die Tschechoslowakei hatte – ebenfalls 1935 – mit der Sowjetunion vereinbart: Wenn Frankreich der Tschechoslowakei gegen einen deutschen Einmarsch zu Hilfe kommt, dann soll uns auch die Sowjetunion zu Hilfe kommen.

Am 19. September soll in einem Gespräch zwischen Staatspräsident Benesch und dem sowjetischen Gesandten in Prag auch die Frage nach einer von der französischen Haltung unabhängigen Hilfe der Sowjetunion gestellt worden sein. Das war der Tag, an dem uns die Briten und Franzosen den Abtretungsplan vorgelegt hatten, den Chamberlain dann auch nach Godesberg mitbrachte. Die tschechoslowakische Regierung hat erst Nein zu diesem Plan gesagt, ihn aber am 21. September schweren Herzens doch angenommen. Am späten Nachmittag oder Abend soll aus Moskau folgende Antwort auf die Frage nach einer von der französischen Haltung unabhängigen Hilfe eingegangen sein:

x *oder ein anderer aus dem Publikum, der dazu aufsteht, liest die Antwort vor:* »Sollte es zu einem Krieg gegen Deutschland kommen, wobei jenes der Angreifer wäre, werde es Moskau genügen, wenn die Tschechoslowakei ihre Beschwerde gegen den Angreifer in Genf (beim Völkerbund) einreiche und dies der Sowjetunion mitteile; die Sowjetunion werde sich dadurch bereits autorisiert fühlen, der Tschechoslowakei zu Hilfe zu eilen.«[*]

x *oder Augenzeugenbericht des Teilnehmers aus der Tschechoslowakei:*[**] Währenddessen gingen in Prag die Menschen auf die Straße und forderten die sofortige Mobilmachung. [Sie hatten von der Annahme des britisch-französischen Plans erfahren, und die Demonstrationen dagegen dauerten die ganze Nacht an. Am Morgen des 22., also als das Treffen in Godesberg begann, versammelte sich eine riesige Menschenmenge vor dem tschechoslowakischen Parlament und forderte die Abdankung der Regierung. Am Abend wurde tatsächlich eine andere Regierung gebildet, und am nächsten Tag ersuchte Staatspräsident Benesch den britischen Botschafter dringend um Londons Zustimmung zur Mobilmachung. Um 18.15 Uhr wurde der

---

[*] Celovsky, S. 376
[**] siehe nächste Seite

tschechoslowakischen Regierung mitgeteilt: »Die britische Regierung ist mit der französischen Regierung übereingekommen, daß die tschechoslowakische Regierung davon in Kenntnis gesetzt werden solle, daß die französische und britische Regierung weiterhin nicht mehr die Verantwortung für den Rat, nicht zu mobilisieren, übernehmen können.«]

Ab 21.30 Uhr verbreitete der tschechoslowakische Rundfunk in fünfminütigen Abständen den Aufruf: »Bleibt am Apparat, binnen kurzem wird eine wichtige Bekanntmachung durchgegeben.« Um 22.20 Uhr wurde die Mobilmachung verkündet.

SCHMIDT: Nach dem Paukenschlag der tschechischen Mobilisierung herrschte auch in dem Hotelsaal in Godesberg ein paar Takte lang völliges Schweigen.

X *setzt sich, steht dann wieder auf und sagt im Stehen:* Sie können sich wieder setzen.

X, Y, Z und die drei Blöcke setzen sich wieder.

Fußnote von Seite 97: Am 3. 10. 95 berichtete Vera Pickova in der Musikhochschule:

Inzwischen aber wurde unser Präsident aus dem Bett geholt von dem Botschafter von Großbritannien und von Frankreich; er wurde gezwungen, das britisch-französische Abkommen zu unterschreiben.

Wir liefen auf die Straßen, wie wir das erfuhren, und wir eilten zum Wenzelsplatz, zu dem Denkmal des Schutzherrn der tschechoslowakischen Republik, sammelten uns, Tausende und Abertausende, und wir gingen dann als eine breite Flut über den Wenzelsplatz, der tausend Meter lang ist, und von dort gingen wir nach der Prager Burg, zum Präsidenten, um ihn zu unterstützen, und um von ihm auch die Waffen zu verlangen, für die wir unser

Geld von unseren Löhnen und von dem, was wir haben, gesammelt haben.

Aber es waren von uns zuviel, und wir würden nicht die Straße zur Burg bewältigen können, weil sie zu eng war. Deshalb haben wir uns in zwei Ströme geteilt: Der eine ging weiter zur Burg, der andere zu dem Wehrministerium, wo der Wehrminister Sirobin uns versprochen hat, genauso wie unser Präsident, daß wir die Waffen bekommen, um unsere Republik schützen zu können. Wir demonstrierten die ganze Nacht lang. Aber es geschah nichts. Den nächsten Tag, am 22. früh, sammelten wir uns vor dem tschechoslowakischen Parlament, es waren unser an die hunderttausend Leute. Wir verlangten, daß diese Regierung, die unserem Wunsch nicht nachgibt, abdankt. Das geschah auch am Abend, als die Beamtenregierung ernannt wurde, an der Spitze mit dem Wehrminister Sirobin. Aber weiter geschah wieder nichts. Am nächsten Tag, am 23. September, haben wir mit Generalstreik gedroht. Und daraufhin fragte Präsident Beneš in London an, was sie dazu sagen würden, wenn wir doch mobilisieren. Es kam eine ausweichende Antwort. Und danach gab der tschechoslowakische Rundfunk ab 21 Uhr 30 Minuten alle 5 Minuten Aufruf: »Bleibt auf Eurem Apparat, es folgt eine wichtige Nachricht!« Wir ahnten schon, was das ist. Und die Männer, die wehrpflichtig waren, die haben schon ihre Sachen zusammengemacht und haben sich vorbereitet, nach Meldepunkt zu gehen. Es waren auch welche Ungeduldige, die dorthin liefen, ohne noch zu wissen, was wirklich geschehen wird, aber wir wußten, wir glaubten, wir waren überzeugt, daß es Mobilisierung geben wird. Wir wollten mit allem unserem Mut und mit aller unserer Kraft, mit unserem Herzen und mit unseren Leibern, unsere Republik schützen. So daß um 22 Uhr 20, wann die Mobilmachung verkündet wurde, da haben wir uns gefreut, daß wir unsere Republik doch vor dem Hitler werden schützen können.

11 WEITER AM RHEIN

Die Leinwand zeigt wieder das Rheintal mit dem Hotel »Dreesen«.

[SCHMIDT: Dann aber setzte auch hier die Melodie der Geigen leise wieder ein.]

HITLER: Hitler sagte mit kaum hörbarer Stimme zu dem wie versteinert dasitzenden Chamberlain: »Meine Zusage, daß ich während der Verhandlungen nicht gegen die Tschechoslowakei vorgehen werde, halte ich trotz dieser unerhörten Provokation selbstverständlich aufrecht, zumindest solange Sie, Herr Chamberlain, sich noch auf deutschem Boden befinden.«

Hitler schiebt das Schriftstück wieder zu Chamberlain.

SCHMIDT: Die Spannung begann sich zu lösen. Die Unterhaltung wurde wieder aufgenommen.

HITLER: »Ihnen zuliebe, Herr Chamberlain, [sagte er] will ich in der Zeitfrage eine Konzession machen. Sie sind einer der wenigen Männer, denen gegenüber ich das jemals getan habe [fügte er hinzu], der 1. Oktober soll mir als Räumungstermin recht sein.«

Hitler zieht das Schriftstück wieder zu sich.

SCHMIDT: Und dann änderte er eigenhändig den entsprechenden Passus in dem Memorandum.

Hitler schreibt etwas auf das Schriftstück und schiebt das Schriftstück wieder zu Chamberlain, der es nun bis zur späteren Weitergabe an die Tschechoslowakei behält. Alle drei stehen auf.

SCHMIDT: ... und um 2 Uhr morgens trennten sich Chamberlain und Hitler in einer durchaus freundlichen Stimmung, nachdem sie noch kurze Zeit mit meiner Assistenz unter vier Augen gesprochen hatten.

HITLER: Hitler dankte dabei Chamberlain mit Worten, die ihm von Herzen zu kommen schienen, für seine Bemühungen um den Frieden und bemerkte, daß die Lösung der Sudetenfrage das letzte große Problem sei, das ihm noch zu regeln übrig bliebe.

»Zwischen uns braucht es keine Gegensätze zu geben«, sagte er zu Chamberlain, »wir werden Ihnen bei der Verfolgung Ihrer außereuropäischen Interessen nicht im Wege stehen, und Sie können uns ohne

Schaden auf dem europäischen Festlande in Mittel- und Südosteuropa freie Hand lassen.«

Irgendwann würde man auch einmal die Kolonialfrage lösen müssen. Aber das habe Zeit, und Krieg brauche deswegen bestimmt nicht geführt zu werden.

CHAMBERLAIN: Chamberlain left with a warm »Good Bye« / »Auf Wiedersehen«.*

Chamberlain deutet Übersetzen über den Rhein an und geht zu seinem Podest, wo sich seine Reisetasche befindet. Hitler und Schmidt können derweil die Bühne verlassen.

Chamberlain nimmt seine Reisetasche und geht mit Schriftstück und Reisetasche zu der Stelle im Publikum, wo er sich zwischen Berchtesgaden und Godesberg mit Daladier getroffen hatte.

* Akten zur deutschen Auswärtigen Politik, Nr. 583, *Memorandum Schmidts von der Unterredung mit Chamberlain*, in der Wiedergabe von Martin Gilbert/Richard Gott, *Der gescheiterte Frieden*, Stuttgart 1964, S. 124

12 PRAGER ANTWORT

Auf der Leinwand wechselt die Ansicht des Rheintals mit einem Titel:

> Oberst Mason-Macfarlane wird mit den deut-
> schen Forderungen und Landkarten nach Prag
> geschickt. Er trifft dort am 24. September
> um 23.15 Uhr ein.

Chamberlain setzt die Reisetasche ab und gibt das Schriftstück jemandem im Publikum, der es zur anderen Seite des Publikums bringt und dort »X« bzw. einem (anderen) Vertreter der Tschechoslowakei gibt.* Der/die Empfänger(in) des Schriftstücks schaut es sich an.

---

* *Der Überbringer des Schriftstücks duckt sich eventl., während er die vorderen Reihen des Publikums passiert. Oder es wird auf andere*

Währenddessen wechselt der Titel auf der Leinwand:

> Am Nachmittag des 25. September übergibt
> der tschechoslowakische Botschafter Masaryk
> in London die Antwort seiner Regierung.

Über Lautsprecher wird gesagt:

> Noch 4 Tage bis zum Abkommen

x *(oder wer sonst das Schriftstück bekommen hat*) gibt
ganz oder teilweise die von Jan Masaryk unterschriebene tschechoslowakische Antwort vom Nachmittag des
25. September wieder:*** »Die britische und französische Regierung sind sich sehr wohl bewußt, daß
wir den sog. englisch-französischen Plan für die Abtretung der Gebietsteile der Tschechoslowakei unter
dem härtesten Druck angenommen haben. (...)
Wir haben nicht einmal Zeit gehabt, irgendwelche
Vorstellungen über seine vielen nicht zu verwirk-

---

*Weise veranschaulicht, auf welche Weise das deutsche Memorandum
nach Prag gelangte:*
»Oberst Mason-Macfarlane fuhr am 24. September um 15 Uhr
von Berlin ab und begab sich mit dem korrekten deutschen Text
und den Landkarten nach Prag. ›Mason-Macfarlane hatte nach
Berlin zurückfliegen, mit dem Auto an die tschechische Grenze
fahren und sich dann zehn Kilometer weit im Dunkeln durch den
tschechischen Stacheldraht und andere Hindernisse durchschlagen müssen, wobei er noch dauernd riskierte, entweder von den
Deutschen oder den Tschechen als feindlicher Eindringling erschossen zu werden.‹ Er traf am 24. September um 23.15 in Prag
ein.« Gilbert/Gott, S. 125 f. (Sie zitieren Henderson, S. 158.)

* Am 3. 10. 95 in der Musikhochschule gab Vera Pickova die
tschechoslowakische Antwort wieder.

** Documents on British Foreign Policy, No. 1092, *Note from
the Czechoslovak Minister to Viscount Halifax* (»This note was received during the afternoon of September 25«), S. 518 f.

lichenden Teile anzustellen. Nichtsdestoweniger haben wir ihn angenommen, weil wir vermutet haben, daß er das Ende der Forderungen an uns ist.«

x *(oder wer sonst das Schriftstück bekommen hat) drückt das Schriftstück dem Überbringer oder jemand anderem in die Hand und spricht, während das Schriftstück auf dem Weg zurück zu Chamberlain ist, weiter:* »[Meine Regierung wünscht in aller Feierlichkeit zu erklären, daß Herrn Hitlers Forderungen in ihrer gegenwärtigen Form absolut und bedingungslos unannehmbar für meine Regierung sind.]

Es ist de facto eine Art Ultimatum von der Art, wie man es gewöhnlich einem besiegten Volk präsentiert, und kein Vorschlag, den man einem souveränen Staat macht …

Diesen neuen und grausamen Forderungen gegenüber fühlt sich meine Regierung verpflichtet, äußersten Widerstand zu leisten, und wir werden das tun, so wahr uns Gott helfe.«

Daladier tritt neben Chamberlain. Chamberlain gibt das Schriftstück an Daladier weiter, und Daladier gibt es ihm wieder zurück.*

---

* Aus der Londoner Besprechung am Abend des 25. September: »Daladier bestritt, daß die französische öffentliche Meinung gegen einen gerechten Krieg sei; die französische Luftwaffe sei wohl der deutschen unterlegen, das Manko könnten jedoch die französische Marine und die sowjetische Luftwaffe wettmachen.« Celovsky, S. 415.
Ausführliche Wiedergabe in: Documents on British Foreign Policy, No. 1093, *Record of an Anglo-French Conversation held at No. 10 Downing Street on September 25, 1938, 9.25 p.m.*, S. 520 ff.

13 LONDON UND BERLIN

Auf der Leinwand wechselt der Titel:

> Der französische Ministerpräsident stimmt
> unter Hinweis auf neue Informationen
> aus Deutschland einem Vorschlag des englischen
> Premierministers zu.

Über Lautsprecher wird gesagt:

> Noch 3 Tage bis zum Abkommen

CHAMBERLAIN *tritt vor das bereitstehende Mikrophon
und gibt wieder, was Chamberlain im zweiten Teil der
Londoner Besprechungen am 26. September sagte:**

---

* Documents on British Foreign Policy, No. 1096, *Record of an
Anglo-French Conversation held at No. 10 Downing Street on September 26, 1938, at 11.20 a.m.*, S. 537 f.; Übersetzungen wie hier S. 80

We now knew that the Czechoslovak Government was determined to resist. The French Government had said plainly that if so they would fulfil their treaty obligations. We haid said publicy serveral times that we could not afford to see France overrun or defeated by Germany, and that we would come to her assistance if France were in danger.

DER ÜBERSETZER AUS DEM PUBLIKUM *kann in Richtung Publikum wieder etwa wie folgt eine Übersetzung geben:* [Mr. Chamberlain hat Folgendes gesagt:]
Er sei nun überzeugt, daß die Tschechen kämpfen würden, wenn Frankreich seine Verpflichtungen erfülle, und unter diesen Umständen könne Großbritannien nicht dulden, daß Frankreich von Deutschland überrannt werde.

CHAMBERLAIN: [His Majesty's Government in the United Kingdom had no intention of going back on what they had said.] But so long as there remained even a slender chance of peace, we must not neglect any opportunity of securing it. Mr. Chamberlain hat therefore taken it upon himself this morning to send Sir. H. Wilson, his confidential adviser, to Herr Hitler with a personal message from himself. [He hoped Sir H. Wilson would see Herr Hitler in the course of the afternoon.]

DER ÜBERSETZER *kann in Richtung Publikum fortfahren:* [Mr. Chamberlain hat weiter gesagt:]
[Die britische Regierung hat nicht die Absicht, von dem zurückzuweichen, was sie versprochen hat.] Wenn man jedoch die geringste Aussicht habe, den

Frieden zu retten, müsse dazu alles mögliche unternommen werden. Deswegen habe er sich entschlossen, H. Wilson mit einer persönlichen Botschaft zu Hitler zu schicken. [Er hoffe, daß Sir H. Wilson Herrn Hitler noch im Laufe des Nachmittags sehen werde.]

[Und was hat M. Daladier gesagt?]

Der Übersetzer wendet sich zu Chamberlain und Daladier und wiederholt die Frage auf französisch.

DALADIER *drückt sein Einverständnis entweder nur mit einem Wort oder Satz aus (der dann nicht zu übersetzt werden braucht) oder tritt nun anstelle von Chamberlain zum Mikrophon und gibt ganz oder teilweise wieder:* M. Daladier exprimait son accord total avec l'initiative du Premier Ministre (…). Il a indiqué que outre cela le gouvernement français avait aussi reçu des informations d'Allemagne, provenant de sources officielles, selon lesquelles une peur réelle existe dans ce pays. Qu'après le voyage de Mr. Chamberlain et les grands sacrifices consentis par la France et la Tchécoslovaquie, il régnait partout en Allemagne un grand sentiment de joie et du soulagement.

DER ÜBERSETZER *kann wieder in Richtung Publikum übersetzen:* M. Daladier drückte seine völlige Übereinstimmung mit der Initiative des Premierministers aus (…). Die französische Regierung verfüge darüber hinaus über Informationen aus Deutschland, sie stammten von offiziellen Persönlichkeiten, die zeigten, daß in Deutschland reale Angst herrsche. Nach Mr. Chamberlains Reise und den großen Opfern, die Frankreich und die Tschechoslowakei gebracht hätten, gebe es nun in ganz Deutschland ein großes Gefühl der Erleichterung und Freude.

DALADIER: Les gens disaient que, sans bataille, sans pertes et sans souffrances, l'Allemagne avait pris les Sudètes avec leurs 3 1/2 milions d'habitants. Les Allemands, y compris dans les cercles influents, ne comprendraient pas pourquoi Hitler, par seul souci de prestige, irait infliger une humiliation au moment où toutes ses exigences étaient remplies.

DER ÜBERSETZER *kann weiter übersetzen:* Die Menschen sagten, daß Deutschland ohne Kampf, Verlust oder Leiden das Sudetengebiet samt 3 1/2 Millionen Sudeten erhalten habe. Die Leute, darunter auch solche aus sehr einflußreichen Kreisen, könnten es nicht begreifen, warum Herr Hitler, einzig und allein aus Prestigegründen, jetzt noch sollte irgend jemand erniedrigen wollen, wo doch alle seine Forderungen erfüllt seien.

DALADIER: C'étaient les informations reçues par le gouvernement français le matin même, et à la lumière de celles-ci, il était très possible que l'initiative du Premier Ministre ait un bon résultat.

DER ÜBERSETZER *kann zu Ende übersetzen:* Diese Neuigkeiten habe die französische Regierung erst diesen Morgen erfahren und in deren Licht hielte er es für durchaus möglich, daß die Initiative des Premierministers erfolgreich sein könne.

Daladier setzt sich. Chamberlain bleibt bzw. geht ab und kommt später noch einmal herein.

Währenddessen ist Hitler wieder auf dem Podest erschienen und kommt Schmidt in die Bühnenmitte.

SCHMIDT: (...) am 26. September erschien Sir Horace Wilson mit einem persönlichen Brief Chamberlains an Hitler in Berlin. Bei dieser Sitzung verlor Hitler zum ersten und einzigen Male in meiner Gegenwart völlig die Nerven. »Die tschechoslowakische Regierung teilt mir soeben mit«, schrieb Chamberlain, »... daß sie die in Ihrem Memorandum enthaltenen Vorschläge ... als völlig unannehmbar betrachtet.«

HITLER: [Hitler, der der Verlesung mit wachsender Unruhe zugehört hatte, (sprang plötzlich auf,) schrie:] »Es hat überhaupt keinen Zweck, noch irgendwie weiterzuverhandeln« [und lief zur Tür, als ob er (...) die fremden Diplomaten in seinem eigenen Arbeitszimmer allein zurücklassen wollte].

Hitler rennt vom Podest und nimmt dahinter Aufstellung, so daß nur sein Oberkörper, gegebenenfalls auch nur sein Kopf zu sehen ist. Schmidt schaut eventl. zu.

SCHMIDT: Trotzdem hatte dieser Auftritt nichts mit den sagenhaften Wutanfällen zu tun, die Hitler im Ausland so häufig nachgesagt worden sind; hiervon habe ich bei meiner Tätigkeit nie etwas bemerkt.

HITLER: In dieser Stimmung hielt Hitler wenige Stunden später seine berühmte Sportpalastrede.

»Die Frage, die uns in diesen letzten Monaten und Wochen auf das tiefste bewegt, *(Hitler bleibt entweder hinter dem Podest oder stellt sich direkt davor auf)* ist altbekannt; sie heißt nicht so sehr: Tschechoslowakei, sie heißt Herr Benesch! In diesem Namen vereinigt sich all das, was Millionen Menschen heute bewegt, was sie verzweifeln läßt oder mit einem fanatischen Entschluß erfüllt. (…)

Die Deutschen treibt er jetzt aus! Und das ist der Punkt, an dem das Spiel aufhört! … Er hat jetzt die Entscheidung in seiner Hand! Krieg oder Frieden! Er wird entweder dieses Angebot akzeptieren und den Deutschen jetzt endlich die Freiheit geben, oder wir werden uns diese Freiheit selbst holen.«

SCHMIDT: Aber es gab auch andere Töne in dieser Rede.

HITLER: Hitler fand freundliche und anerkennende Worte für Chamberlain. »Und ich habe ihm weiter versichert, daß in diesem Augenblick, in dem die Tschechoslowakei ihre Probleme löst, das heißt, in dem die Tschechen mit ihren anderen Minderheiten sich auseinandergesetzt haben, und zwar friedlich und nicht durch Unterdrückung, daß ich dann am tschechischen Staat nicht mehr interessiert bin. Und das wird ihm garantiert! Wir wollen gar keine Tschechen!«

[Hitler brachte diesen Passus eigentlich in dieser Fassung:] »… mich interessiert dann der tschechische Staat nicht mehr, und daß ich ihm dann garan-

tiere, meinetwegen, wir wollen gar keine Tschechen!«*

*Das wiederholte »Wir wollen gar keine Tschechen!«
wird von der folgenden Lautsprecherdurchsage über-
tönt (auf die Hitler eventl. mit einem neuerlichen
Rückzug hinter das Podest reagieren kann).*

LAUTSPRECHER: Das Außenministerium in London
verbreitet soeben eine Verlautbarung, die einleitend
feststellt, die Abtretung des Sudetengebietes sei von
der französischen, britischen und tschechoslowakischen Regierung bereits gebilligt worden. »Wenn
aber trotz aller Bemühungen des britischen Premierministers ein deutscher Angriff gegen die Tschechoslowakei erfolgen sollte, werde das unmittelbare
Ergebnis sein, daß Frankreich verpflichtet sei, ihr
Beistand zu leisten, und Großbritannien und Rußland zu Frankreich stünden.«**

*Während der Lautsprecherdurchsage können einige der
rechts vorne sitzenden Anwesenden den Kopf zu dem
Bären wenden, der hinter ihnen sitzt.*

---

* Bis auf den einleitenden Satz, der aus Schmidts Buch stammt
(*Statist auf diplomatischer Bühne*, S. 408): Celovsky, S. 419. Die
erste Fassung des Hitlerschen Passus ist die veröffentlichte, die
zweite die tatsächlich gesprochene. Beide sind in Deutsch wiedergegeben in: Documents on British Foreign Policy, No. 1126, *Sir
Neville Henderson (Berlin) to Viscount Halifax (Received September 27, 1.20 p.m.)*, S. 563.

** Verlautbarung des Foreign Office, die am 26. September
kurz nach 20 Uhr verbreitet wurde, abgedruckt in der Times vom
27.9.1938, hier zitiert nach Celovsky, S. 421.
Am 3.10.95 wurde der zweite Satz zugleich auf die Leinwand als
Titel projiziert.

Auf der Leinwand wechselt der Titel:

> Vor dem Äußersten zurückschreckend
> schreibt Hitler einen artigen Brief an den
> britischen Premierminister

SCHMIDT: Bereits am nächsten Vormittag wurde ich wieder in die Reichskanzlei gerufen.

Über Lautsprecher wird gesagt:

> Noch 2 Tage bis zum Abkommen

SCHMIDT, *der, gefolgt von Hitler, auf das Podest gegangen ist:* Dort traf ich Wilson, der in der Nacht von Chamberlain eine neue Botschaft zur Weiterleitung an Hitler erhalten hatte. Der englische Premierminister knüpfte an die freundlichen Worte an, die Hitler in seiner Rede für ihn gefunden hatte und verband damit die Garantie für eine Durchführung der tschechischen Räumungsverpflichtung, wenn Deutschland dafür von der Gewaltanwendung Abstand nehmen würde. Auf diesen Vorschlag ging Hitler überhaupt nicht ein, auch nicht, als Wilson direkt fragte, was er Chamberlain bei seiner Rückkehr denn nun berichten solle.

HITLER: »Nein, ich danke lediglich dem Premierminister für alle seine Bemühungen.«*

Hitler wiederholte immer nur, daß die tschechische Regierung jetzt nur noch zwei Möglichkeiten

---

* Documents on British Foreign Policy, No. 1129, *Notes of a Conversation between Herr Hitler and Sir Horace Wilson at Berlin on September 27, 1938*, S. 565

habe: Annahme oder Ablehnung des deutschen Vorschlages.

»Im letzteren Falle werde ich die Tschechoslowakei zerschlagen! [rief er wütend in den Raum.] Wenn die Tschechen nicht bis zum Mittwoch, den 28. September, 2 Uhr mittags, meine Forderungen angenommen haben, marschiere ich am 1. Oktober mit der deutschen Armee in das Sudetengebiet ein.«

SCHMIDT: An diesem Morgen war es unmöglich, mit Hitler vernünftig zu reden. Verschüchtert saßen Wilson und seine Begleiter da. (...)

Dann aber [richtete sich Wilson plötzlich in ganzer Länge auf und erklärte mit fester Stimme unter langsamer Betonung jedes einzelnen Wortes: »Unter diesen Umständen habe ich mich noch eines anderen Auftrages des britischen Premierministers zu entledigen. Ich bitte Sie, Herr Reichskanzler, folgende Mitteilung zur Kenntnis zu nehmen.« Und dann] las er einen kurzen, aber inhaltsschweren Satz vor, den ich Hitler so langsam und betont wie möglich übersetzte (...): »Wenn Frankreich bei der Erfüllung seiner vertraglichen Verpflichtungen aktiv in Feindseligkeiten gegen Deutschland verwickelt werden sollte, so würde sich das Vereinigte Königreich für verpflichtet halten, Frankreich zu unterstützen.«

HITLER: »Ich habe doch gar nicht die Absicht, Frankreich anzugreifen!«*

---

* Documents on British Foreign Policy, No. 1129, S. 566

Schon seit einiger Zeit hat sich Mussolini eingestellt und zwar im Rücken des Publikums, so daß seine Anwesenheit bis dahin kaum bemerkt wurde. Dies ist erst jetzt der Fall, weil Chamberlain jemandem im Publikum einen Zettel in die Hand drückt und damit zu Mussolini schickt. Kurz bevor dieser Mussolini erreicht, hat aber schon jemand anderes aus dem Publikum Mussolini ebenfalls einen Zettel in die Hand gedrückt, so daß Mussolini zwei Zettel bekommt.* Das Ganze geschieht, während Hitler Schmidt leise einen Brief diktiert.

SCHMIDT: Noch am gleichen Abend mußte ich einen Brief Hitlers an Chamberlain übersetzen, der in etwas versöhnlicherem Ton gehalten war.

HITLER *diktiert den Schluß des Briefs:* »... Ich muß es Ihrem Ermessen überlassen, ob Sie bei dieser Sachlage es für angebracht halten, Ihre Bemühungen, für die ich Ihnen auch bei dieser Gelegenheit noch einmal aufrichtig danken möchte, fortzusetzen, derartige Machinationen zu durchkreuzen und die Regierung in Prag rechtzeitig zur Vernunft zu bringen.«**

---

* Laut Celovsky lief neben der britischen »noch eine andere Aktion: die von Roosevelt. (...) Seine (...) Botschaft (...), die eine internationale Konferenz auf neutralem Boden vorschlug, wurde am 28. September 4.00 Uhr abgesandt und erreichte das Auswärtige Amt um 9.45 Uhr desselben Tages. Am 27. September (...) sandte er Mussolini eine ›vertrauliche‹ Botschaft. (...) Auch diese Botschaft erreichte Mussolini höchstwahrscheinlich noch vor der Botschaft Chamberlains (...).« Celovsky, S. 454 f.

** Celovsky, S. 425

SCHMIDT: Es war das zweitemal während dieser kritischen Tage, daß ich den Eindruck hatte, Hitler
scheue doch vor dem Äußersten zurück.

14 REICHSKANZLEI

Über Lautsprecher wird gesagt:

Noch 1 Tag bis zum Abkommen

Auf der Leinwand erscheint der Titel:

Die Anspannung weicht. Gegen 15 Uhr
wird München zum Ort, an dem das Ende
der Nachkriegsordnung von Versailles
besiegelt wird.

SCHMIDT: Der erste Botschafter, der am Morgen des
28. September erschien, war François-Poncet. Er
sprach zwar ausgezeichnet Deutsch, aber ich wurde
»für alle Fälle« doch zu der Unterredung hinzugezo-
gen. (…)

»Sie täuschen sich, Herr Reichskanzler«, sagte er im Verlauf dieser Unterredung zu Hitler, »wenn Sie etwa glauben, den Konflikt auf die Tschechoslowakei lokalisieren zu können. [Wenn Sie dieses Land angreifen, stecken Sie damit ganz Europa in Brand. (...) Sie sind natürlich überzeugt, den Krieg zu gewinnen, genau so wie wir glauben, Sie besiegen zu können.] Aber warum wollen Sie überhaupt dieses Risiko eingehen, wo Sie doch ohne Krieg die wesentlichsten Forderungen erfüllt erhalten können?«*

Ein weiterer diplomatischer Kunstgriff des französischen Botschafters war eine sauber gezeichnete Karte über die einzelnen Phasen der Räumung.

HITLER *zum Publikum:* »François-Poncet war der einzige, der einen vernünftigen Vorschlag machte. Man sah dieser Karte sofort an, daß sie von Militärs angefertigt war, die ihr Handwerk verstehen.«

SCHMIDT: Da tat sich wieder eine Tür auf. (...) Ich hörte nur den Namen Attolico und war sofort beruhigt. (...) Ich ging mit Hitler hinaus.

Hitler und Schmidt verlassen das Podest.

»Ich habe eine dringende Botschaft vom Duce an Sie zu überbringen, Führer«, rief er Hitler unproto-

---

* Falls ein deutsch sprechender Darsteller aus Frankreich anwesend ist, kann der Part unter Weglassung der Schmidtschen Einfügung auch von ihm gesprochen und ausgebaut werden anhand der Erinnerungen von André François-Poncet (*Als Botschafter in Berlin 1931–1938*, Mainz 1949, S. 332 ff., »Am 28. September um acht Uhr morgens suchte ich um eine Audienz bei Hitler nach. Ich ließ eine Karte anfertigen ...«).

kollarisch schon aus einiger Entfernung entgegen. Ich übersetzte seine weiteren Worte: »Soeben hat die britische Regierung in Rom durch ihren Botschafter mitteilen lassen, daß Sie eine Vermittlung des Duce in der sudetendeutschen Frage annehmen würde. Die Differenzpunkte hat sie als nur gering bezeichnet.«

HITLER: [Hitler nahm die Nachricht mit einem Lächeln, dem ersten an diesem geschäftsreichen Tage, entgegen.*]

»Sagen Sie dem Duce, daß ich seinen Vorschlag annehme.«

Hitler und Schmidt gehen zurück auf das Podest.

SCHMIDT: Kaum war François-Poncet gegangen, da erschien Henderson mit einer weiteren Botschaft von Chamberlain. »Nachdem ich Ihr letztes Schreiben gelesen habe«, übersetzte ich, »habe ich das bestimmte Gefühl, daß sich alle Ihre wesentlichen Forderungen ohne Krieg und unverzüglich erfüllen lassen. Ich bin bereit, selbst sofort nach Berlin zu

---

* Tatsächlich fand dieses Lächeln erst statt, nachdem auch Henderson gekommen war: »Hitler unterbrach auch diese Unterredung, um eine weitere Botschaft Mussolinis von Attolico empfangen zu können. Hitler stimmte einer Konferenz unter der Bedingung zu, daß auch Mussolini an ihr teilnehmen werde. Attolico holte die Zustimmung des Duce ein und kam, an diesem Tage zum letztenmal, in die Reichskanzlei. Es war 14.40. Hitler nahm die Nachricht mit einem Lächeln, dem ersten an diesem geschäftsreichen Tage, entgegen. Kurz danach teilte Berlin Rom, Paris und London mit, daß Hitler die Regierungschefs für den nächsten Tag zu einer Viererkonferenz einlade.« Celovsky, S. 457

kommen, um alles mit Ihnen und Vertretern der tschechischen Regierung sowie mit Vertretern Frankreichs und Italiens zu besprechen ... [Ich kann nicht glauben, daß Sie wegen einer Verzögerung von ein paar Tagen die Verantwortung auf sich laden wollen, einen Weltkrieg ins Rollen zu bringen, der das Ende der Zivilisation bedeuten kann.]«

HITLER: Hitler antwortete nur, daß er sich wegen dieses Vorschlages zunächst mit Mussolini in Verbindung setzen müsse. »Ich habe übrigens die deutsche Mobilmachung auf Wunsch meines großen italienischen Bundesgenossen um 24 Stunden verschoben.«

Hitler und Schmidt verlassen das Podest, und Hitler geht ab. Über Lautsprecher ertönt eventl. Jubel, so daß Schmidt fast schreien muß, um sich verständlich zu machen.*

SCHMIDT: Am gleichen Nachmittag telefonierte Hitler noch mit Mussolini, und im Verlaufe dieses Telefongesprächs kam der von der Welt als die größte Sensation der Nachkriegszeit aufgenommene Beschluß zustande, daß Hitler Chamberlain, Daladier und Mussolini zu einer Konferenz über die Sudetenfrage nach München einladen sollte. Noch am selben Abend saß ich wieder in einem Sonderzug auf der Fahrt nach Süden.

---

* Als Jubelton wurde am 3. 10. 95 der benutzt, der am 30. September 1989 im Garten der BRD-Botschaft in Prag zu hören war, als Genscher dort bekanntgab, daß die anwesenden DDR-Bürger in die BRD ausreisen können.

*Auf der Leinwand erscheint wieder der Konferenz-
raum in der Musikhochschule, aus dem die erste Besprechung vom 29. 9. übertragen worden war. Man
sieht, wie die Teilnehmer wieder in den Konferenz-
raum zurückkommen.*

15 IM FÜHRERZIMMER: ZWEITE BESPRECHUNG

Auf der Leinwand sieht man, wie nach und nach die Konferenzteilnehmer in den Beratungsraum zurückkommen. Schmidt ist noch nicht dabei, denn er gibt neben der Leinwand noch einige Erläuterungen.

SCHMIDT *noch immer aus seinem Buch:* Gegen 3 Uhr nachmittags war die Verhandlung durch eine kleine Mittagspause unterbrochen worden, nachdem (...) Mussolini einen schriftlichen Vorschlag zur Lösung der Sudetenfrage vorgelegt hatte. Er war in italienischer Sprache abgefaßt, aber die Übersetzung wurde mir dadurch erleichtert, daß ich diesen Vorschlag bereits einmal vorher, und zwar in Berlin, aus dem Deutschen ins Französische übersetzt hatte. Er war mir an dem kritischen Vormittag des Vortages von Staatssekretär von Weizsäcker mit der Bemerkung übergeben worden, ich solle ihn so schnell wie möglich ins Französische übersetzen, damit er (...) dem italienischen Botschafter zur Weitergabe an Mussolini zugeleitet werden könne. Hier in München feierte ich nun ein freudiges Wiedersehen mit dem Text, der der Konferenz zwar als ein Vorschlag Mussolinis zugespielt wurde, der aber eigentlich von Göring, Neurath und Weizsäcker stammte.

Auf der Leinwand war zu sehen, wie Hitler im Verhandlungszimmer zur Tür ging, nach Schmidt rief und das Zimmer verließ. Neben der Leinwand spricht Schmidt weiter, während Hitler im Konzertsaal auftaucht.

Nach dem Mittagessen gingen dann die Verhandlungen in ziemlich ungeregelter Form wieder weiter. (...) Der Vertragsentwurf Mussolinis war inzwischen in die drei Verhandlungssprachen übersetzt worden, und aus ihm entwickelte sich unter nur geringfügigen Abänderungen das berühmte Münchener Abkommen, das schließlich zwischen 2 und 3 Uhr morgens am 30. September unterzeichnet wurde.

HITLER *am Fuße der Bühne:* Hitler wartete, bis Schmidt geendet hatte. Dann ließ er seinem Zorn freien Lauf: »Schmidt, wo bleiben Sie denn!«

Schmidt geht über die Bühne zu Hitler und mit ihm aus dem Saal, wobei Hitler mehrmals anhält und weiterredet:

Das geht zu weit, Schmidt!

Das können Sie mit Ihrem Führer nicht machen [Legationsrat Schmidt]!

Außerdem dürfen Sie nicht sagen, daß das Abkommen erst zwischen 2 und 3 Uhr nachts unterzeichnet wurde. Offiziell war es zwischen 11 und 12 Uhr!

Auf der Leinwand erscheint ein Titel:

> Zweite Besprechung. Der deutsche Vorschlag
> wird angenommen. Bei der Unterzeichnung
> kommt es zu einer Verzögerung.

Nach dem Titel tauchen auf der Leinwand Hitler und Schmidt wieder an der Türe des Verhandlungszimmers auf, während Mussolini spricht, und setzen sich.*
Mussolini fordert in Französisch (oder Italienisch) auf, weiterzumachen.

MUSSOLINI *zunächst in Französisch:* Je propose de discuter point par point la proposition italienne présentée ce matin aux délégations.

Mussolini schaut sich um, dann weiter in Deutsch.

Ich habe vorgeschlagen, den italienischen Vorschlag, der am Vormittag den Delegationen zugestellt wurde, Punkt für Punkt zu besprechen.

Mussolini schaut sich wieder um.

---

* Das folgende ist textgleich mit der *»Aufzeichnung des Legationsrats Erich Kordt (Büro RAM) über die zweite Besprechung zwischen den Britischen und Französischen Premierministern, dem Duce und dem Führer in München«*, Akten zur deutschen auswärtigen Politik, Nr. 674, S. 810 f.; Übersetzungen: Jon Smale, François Mathieu

Je constate: Le point 1) (début de l'évacuation le 1er octobre) est adopté à l'unanimité.

Schaut eventl. erst zu Hitler, dann in Deutsch:

Zunächst wurde Punkt 1) (Beginn der Räumung am 1. Oktober) einstimmig angenommen.

HITLER: Zu Punkt 2) führte der Führer aus, daß, falls auch über diesen Punkt Einverständnis erzielt werden könne, die Frage der Modalitäten keine großen Schwierigkeiten mehr bereiten würde. Sein Vorschlag gehe dahin, zunächst auf der Karte gewisse Etappen der deutschen Besetzung festzulegen, deren Modalitäten alsdann in einer Kommission, in der auch ein tschechischer Vertreter sitzen werde, festgelegt werden könnten.

CHAMBERLAIN *beginnt seinerseits aus der »Aufzeichnung…« zu zitieren, die Legationsrat Erich Kordt für das deutsche Auswärtige Amt erstellte:* Prime Minister Chamberlain agreed with the date of the end of the clearance of the German territory, October 10th, which has been fixed in point 2. But he expressed his doubts on the possibility to give a guarantee to Germany as long as he didn't know how Czechoslovakia thinks about the question of evacuation.

SCHMIDT *übersetzt:* Ministerpräsident Chamberlain erklärte sich mit dem in Punkt 2) festgelegten Datum der Beendigung der Räumung des deutschen Gebietes, dem 10. Oktober, einverstanden. Er äußerte jedoch Zweifel über die Möglichkeit, eine Garantie an Deutschland zu geben, solange er nicht wisse, wie die Tschechoslowakei sich zur Räumungsfrage verhalte.

DALADIER *ergreift das Wort und zitiert seinerseits aus der »Aufzeichnung ...« von Legationsrat Kordt:* En ce qui concerne la question de savoir si, pour la concession de la garantie prévue dans le projet italien, il fallait demander l'accord préalable de la Tchécoslovaquie, le Président du Conseil Daladier a précisé qu'un tel accord ne lui semblait pas nécessaire. Il a, en son temps, accepté, vis à vis de l'Angleterre, le principe de la cession de territoires par la Tchécoslovaquie, en dépit du pacte franco-tchèque, sans pourparlers préalables avec le gouvernement tchécoslovaque, et il est maintenant d'avis que ce qui a été accepté un jour, doit être respecté.

SCHMIDT *übersetzt:* Zu der Frage, ob für die Gewährung der im italienischen Vorschlag vorgesehenen Garantie die vorherige Zustimmung der Tschechoslowakei eingeholt werden müßte, so wie es Mr. Chamberlain anzuregen schien, äußerte sich Daladier dahingehend, daß ihm eine derartige Zustimmung nicht notwendig erscheine. Er habe seinerzeit auch dem Grundsatz der Gebietsabtretung der Tschechoslowakei gegenüber England trotz des französisch-tschechischen Paktes ohne vorherige Rücksprache bei der tschechoslowakischen Regierung zugestimmt und stehe jetzt auf dem Standpunkt, daß das, was einmal zugesagt sei, auch eingehalten werden müsse.

DALADIER *zitiert weiter:* Monsieur Daladier a également rejeté l'objection tchécoslovaque précédemment évoquée dans les débats, selon laquelle l'évacuation ne pouvait avoir lieu qu'après avoir établi de nouvelles défenses sur le territoire tchèque, et ce en rappelant les garanties anglo-françaises. Une évacuation du territoire strictement allemand peut donc avoir lieu rapidement; les difficultés n'apparaîtraient que là où existent des îlots linguistiques. Dans ces endroits, une occupation internationale assurée par des forces militaires anglaises, italiennes et françaises, lui semblerait judicieuse.

SCHMIDT *übersetzt:* Den vorher in der Debatte erwähnten tschechoslowakischen Einwand, daß die Räumung erst erfolgen könne, wenn neue Befestigungen auf tschechischem Gebiet fertiggestellt seien, lehnte Herr Daladier ebenfalls unter Hinweis auf die englisch-französische Garantie ab. Eine Räumung des rein deutschen Gebietes könne demnach schnell erfolgen; Schwierigkeiten träten erst da auf, wo Sprachinseln beständen. In diesem Distrikt schiene ihm eine internationale Besetzung durch englische, italienische und französische Streitkräfte zweckmäßig zu sein.

DALADIER *zitiert zu Ende:* En outre, de l'avis du Président du Conseil, il faudrait, pour compléter le principe d'autodétermination posé par Wilson, tenir compte des réalités géographiques, économiques et politiques. [Par ailleurs, on pourrait, en ce qui concerne les îlots linguistiques, appliquer le principe des échanges de population, appliqué en Grèce, Turquie, Bulgarie et Pologne.]

SCHMIDT *übersetzt:* Außerdem sei es seiner Auffassung nach nötig, in Ergänzung des Wilson'schen Prinzips der Selbstbestimmung den geographischen, wirtschaftlichen und politischen Realitäten Rechnung zu tragen. [Im übrigen könne man hinsichtlich der Sprachinseln auch das in Griechenland, der Türkei, Bulgarien und Polen angewandte Prinzip des Bevölkerungsaustauschs anwenden.]

HITLER: Der Führer erklärte sich damit einverstanden, daß die Bezirke mit einer zweifelhaften Mehrheit nicht von den deutschen Truppen besetzt, sondern zunächst von internationalen Verbänden okkupiert würden. Er sei bereit, bei der Grenzziehung territorial weitherzig zu verfahren, falls der Punkt 2 angenommen werde.

Die von Herrn Daladier aufgestellte These, daß auch wirtschaftliche, geographische und politische Momente für die Grenzziehung in Rechnung gestellt werden sollen, schien ihm im übrigen gefährlich zu sein, denn es sei dieselbe These, der der tschechoslowakische Staat 1918 sein Entstehen verdankte. Man habe damals ein wirtschaftlich lebensfähiges, aber national nicht lebensfähiges Gebilde geschaffen. Außerdem ließen sich wirtschaftliche Schwierigkeiten leichter bereinigen, als nationale, umsomehr, als die Tschechoslowakei, die keine alte Kulturnation sei, deutsche Bevölkerungsanteile nicht assimilieren könnte.

SCHMIDT: Nach einer längeren Aussprache über die unterschiedliche Bedeutung des Wortes »Garantie« in England und auf dem Kontinent wurde der Punkt einem Redaktionsausschuß zur Neufassung überwiesen. Dieser Ausschuß gelangte nach längeren Besprechungen zu der im Vertragstext erschienenen Präambel sowie zu einer Neufassung von Ziffer 2.

[Auf der Leinwand erscheint schon zu den Worten Schmidts die alte und nach seinen obigen Worten die neue Fassung von Ziffer 2: *

»Die Garantiemächte England, Frankreich und Italien garantieren Deutschland, daß die Räumung des Gebiets ohne Zerstörung bestehender Einrichtungen bis zum 10. Oktober durchgeführt ist.«

»Das Vereinigte Königreich, Frankreich und Italien vereinbaren, daß die Räumung des Gebiets bis zum 10. Oktober vollzogen wird, und zwar ohne Zerstörung irgendwelcher bestehender Einrichtungen, und daß *die tschechoslowakische Regierung die Verantwortung dafür trägt*, daß die Räumung ohne Beschädigung der bezeichneten Einrichtungen durchgeführt wird.«

Währenddessen (also ohne daß es auf der Leinwand zu sehen ist!) stehen die Verhandlungsteilnehmer auf, las-

---

* Akten zur deutschen auswärtigen Politik, alte Fassung von Ziffer 2: Dokument Nr. 669, *Zwei Entwürfe der Tagesordnung der Münchner Konferenz aus dem Auswärtigen Amt*, S. 802, Deutsche Forderungen, Ziffer 2

sen ihre Unterlagen zurück und verteilen sich etwas:
Hitler/Mussolini und zunächst auch Schmidt einer-
seits, Chamberlain/Daladier andererseits (eventl. in
der Nähe des historischen Globus).

HITLER *zu Schmidt:* Der tschechische Vertreter wird
sich wundern. – Sitzt er eigentlich immer noch
herum und wartet darauf, daß er zu den Verhandlungen zugelassen wird?

SCHMIDT: Ja.

HITLER *zu Mussolini:* »Mit Daladier kann ich mich
sehr gut verständigen. Er ist auch Frontsoldat gewesen wie wir, und man kann daher vernünftig mit
ihm reden.«*

Und wenn Chamberlain/Daladier tatsächlich bei dem
historischen Globus stehen, könnte sich Schmidt zu
ihnen gesellen und ihr Gespräch etwa folgenden Inhalt
haben:

DALADIER *auf deutsch:* War dieser Globus damals
auch schon im »Führerzimmer«?

SCHMIDT: Ja, aber damals hatte er noch nicht das Einschußloch.

Schmidt dreht den Globus, bis das Einschußloch zu
sehen ist.

Während Schmidt zunächst beim Globus stehen bleibt
und das Folgende sagt, setzen sich die Verhandlungs-

---

* Aus Schmidts Bericht über die Münchner Konferenz: »»Mit
Daladier kann ich mich sehr gut verständigen‹, hörte ich Hitler
einmal zu Mussolini sagen, ›er ist auch Frontsoldat gewesen wie
wir, und man kann daher vernünftig mit ihm reden.‹« (*Statist auf*
diplomatischer Bühne, S. 414)

teilnehmer wieder (und können ihre Unterlagen wieder benutzen). Auf dem Tisch liegt eine Landkarte.]

SCHMIDT: Die Verhandlung löste sich in Einzelbesprechungen auf, die insbesondere an Hand von Karten die zu räumenden Zonen sowie das zur Abstimmung zu stellende Gebiet zum Gegenstand hatten.

DALADIER *ergreift wieder das Wort und zitiert:* Au cours des négociations, le Président du Conseil Daladier a proposé l'échange d'une zone assez importante du territoire essentiellement allemand située à la frontière silésienne, où se trouvent des défenses tchéques, contre une bande de territoire tchéque correspondante dans la Forêt de Bohême, en faisant remarquer que l'existence de défenses tchéques n'est pas la seule raison de cette proposition. Mais qu'il la faisait aussi pour des raisons psychologiques et pour les raisons concernant la politique de circulation.

SCHMIDT *übersetzt:* Im Verlauf der Besprechungen schlug Daladier den Austausch einer größeren Zone vorwiegend deutschen Gebiets an der schlesischen Grenze, in der tschechische Befestigungen angelegt seien, gegen einen entsprechenden tschechischen Gebietsstreifen am Böhmerwald vor, mit dem Bemerken, daß das Bestehen der tschechischen Befestigungen nicht der einzige Grund für diesen Vorschlag sei, sondern daß er ihn auch aus verkehrspolitischen und psychologischen Gründen vorbringe.

HITLER: Der Führer lehnte diesen Vorschlag mit Rücksicht auf den rein deutschen Charakter der betreffenden Gebiete ab *(Daladier erhebt sich halb aus seinem Sessel)*, erklärte sich jedoch nach längeren Verhandlungen zur Annahme einer im Vertragstext erscheinenden Formel über Grenzberichtigungen (…) bereit.

DALADIER *zitiert weiter:* Le Président du Conseil Daladier a exprimé ses plus chaleureux remerciements au Führer et déclaré que l'acceptation de cette formule simplifierait beaucoup les choses en France. Il rapporterait en France que le Führer avait eu ce geste personnel à son égard (Daladier).

SCHMIDT *übersetzt:* Ministerpräsident Daladier sprach dem Führer hierfür seinen wärmsten Dank aus und erklärte, daß ihm die Annahme dieser Formel die Stellung in Frankreich wesentlich erleichtere. Er würde in Frankreich berichten, daß der Führer ihm (Daladier) gegenüber diese persönliche Geste gemacht habe.

Hitler steht auf und verbeugt sich leicht gegenüber Daladier. Auch alle anderen stehen auf. Schmidt verläßt den Beratungsraum. Auf der Leinwand sieht man, wie die Teilnehmer der Konferenz das Beratungszimmer verlassen, und dann das leere Zimmer. Schmidt taucht, wieder sein Buch in der Hand, neben der Leinwand auf. –

Oder es bleiben alle sitzen, und Schmidt fällt lediglich dadurch »aus der Rolle«, daß er nun aus seinem Buch liest.

SCHMIDT *aus seinem Buch:* Gegen 9 Uhr abends hatte
Hitler alle Anwesenden zu einem Abendessen einge-
laden, das im Bankettsaal des Führerbaus [*(blickt
auf)* – also hier an dieser Stelle –] vorbereitet worden war. Chamberlain und Daladier entschuldigten
sich damit, daß sie während der Abendpause mit
ihren Regierungen in London und Paris telefonie-
ren müßten. Sie waren auch offensichtlich nicht in
der Stimmung, an einem Festbankett teilzuneh-
men …

So saßen wir denn mit Hitler und Mussolini in
einer deutsch-italienischen Tischgesellschaft an der
viel zu langen Bankettafel.

*Schmidt wendet sich zum Gehen und schaut dabei auf
die Leinwand, auf der sich das Beratungszimmer nach
und nach wieder füllt. Schmidt nimmt ein Blatt Papier aus der Tasche, tritt neben die Leinwand und liest
das folgende aus der »Aufzeichnung …« vor. Falls alle
sitzen und Schmidt im Verhandlungszimmer geblieben
ist, legt Schmidt lediglich wieder sein Buch zur Seite.*

Die aufgrund der Einzelbesprechungen zwischen
den Staatsmännern festgelegten Vereinbarungen
wurden (…) von einem Redaktionsausschuß der
vier Mächte unter Mitwirkung der juristischen
Berater der Delegationen endgültig formuliert und
gegen 10 Uhr abends zur ersten Lesung gebracht.
Der endgültige Vertragstext lag um 11 Uhr vor und
wurde in der Zeit von 11 bis 12 Uhr in vier Sprachen unterzeichnet. (…)

16 UNTERZEICHNUNG

Auf der Leinwand erscheint ein Titel:

> Die Unterzeichnung des Abkommens
> verzögert sich, weil in dem Tintenfaß keine
> Tinte ist. (A. J. P. Taylor, Die Ursprünge
> des Zweiten Weltkrieges)

Schmidt hat den Zuschauerraum verlassen und taucht auf der Leinwand im Beratungszimmer auf, wo man sich mittlerweile an das Unterzeichnen des Abkommens machen will. –
Oder das Ende des Titels gibt auf der Leinwand einfach die entsprechende Szene frei. Es gibt eine Verzögerung, die in einer stummen – oder von wenigen Worten wie

*»There is no ink« begleiteten – Szene auf der Leinwand
erscheint.**

*Diese – auf der Leinwand bemerkbare und zumindest
im wesentlichen stumme – Verzögerung der Unterzeichnung gibt jemandem im Publikum Gelegenheit aufzuste-
hen und z. B. zu rufen:* Halt, nicht unterschreiben!

ÜBERSETZER IM PUBLIKUM: Die deutsche Opposi-
tion gegen Hitler bittet Herrn Chamberlain und
Herrn Daladier, nicht zu unterzeichnen.

*Jetzt geschieht etwas, was es bei der Rekonstruktion bis-
her noch nicht gegeben hat, nämlich daß von der Leinwand herab direkt ins Publikum gesprochen wird.
(Dazu muß die obige Bitte natürlich im Beratungszimmer zu hören gewesen sein.)*

DALADIER *dreht sich zur Kamera um und könnte sich
(auf deutsch) an den Zwischenrufer mit den Worten
wenden:* Sie wollen, daß das Münchner Abkommen
nicht von uns unterzeichnet wird? Sie wissen, was
das bedeutet?

[SCHMIDT *kann sich auch umdrehen:* Der Führer hat
in seiner Rede im Sportpalast erklärt, daß er auf alle
Fälle am 1. Oktober einmarschieren werde.]

HITLER *kann sich auch umdrehen, außer daß er nur
nach der Tinte fragt:* [Wenn hierauf erwidert worden
ist, daß diese Aktion den Charakter eines Gewalt-

---

* »Als sich die vier Staatsmänner zur Unterzeichnung nieder-
setzten, entdeckten sie, daß in dem prunkvollen Tintenfaß keine
Tinte war.« Taylor, S. 215

akts haben würde, dann läge also die Aufgabe vor, dieser Aktion diesen Charakter zu nehmen.]

Wo bleibt die Tinte!

CHAMBERLAIN *wie vorher Daladier von der Leinwand herab zum Publikum:* Do you really want the Munich agreement not be achieved?

DALADIER: Einen Moment bitte, wir kommen zu Ihnen.

Chamberlain und Daladier verlassen das Verhandlungszimmer. Während auch alle anderen das Zimmer verlassen, kommen Chamberlain und Daladier in den Zuschauerraum und nehmen hinter dem Tisch auf dem Podest Platz, das Gesicht zum Publikum. Sie geben einen Teil der Londoner Besprechung vom 25. September 1938 wieder.*

CHAMBERLAIN: (Four days ago in London) Mr. Chamberlain said (to M. Daladier) that no doubt M. Daladier had considered what the next step should be after that.

EIN ZUSCHAUER, *eventl. derselbe, der vorhin »Halt...«* rief: Was hat er gesagt? [Kann man das mal übersetzen?]

JEMAND *im Zuschauerraum übersetzt:* Mr. Chamberlain sagte (schon vor vier Tagen in London zu M. Daladier), daß M. Daladier sicherlich darüber nachgedacht habe, was der nun folgende Schritt sein werde.

---

* Documents on British Foreign Policy, No. 1093, S. 527; Übersetzungen wie hier S. 80

DALADIER: M. Daladier dit que, bien sûr, il allait répondre à cette question, qu'il lui avait déjà posée cinq ou six mois auparavant et à laquelle il avait alors répondu. Il ne serait pas possible pour la France d'envoyer de l'aide directe par la voie de terre. Mais la France pourrait soutenir la Tchécoslovaquie matériellement en attirant la plus grande partie de l'armée allemande vers la France.

JEMAND *im Zuschauerraum übersetzt:* M. Daladier sagte, er werde selbstverständlich diese Frage beantworten, die ihm bereits vor fünf oder sechs Monaten gestellt worden sei und die er damals bereits beantwortet habe. Es sei Frankreich nicht möglich, der Tschechoslowakei auf dem Landweg direkte Hilfe zu senden, aber Frankreich könne die Tschechoslowakei materiell unterstützen, indem es den größten Teil der deutschen Armee auf Frankreich ziehe ...

CHAMBERLAIN: Did the French Government contemplate using air forces against Germany, which would involve a declaration of war and active hostilities? This would not be a purely defensive measure, such as manning the Maginot Line, but would constitute an attack.

[He therefore wished to ask whether the French Government contemplated such a use of the air force against Germany.]

JEMAND *im Zuschauerraum übersetzt:* Erwäge die französische Regierung den Einsatz der Luftwaffe gegen Deutschland, wobei dies dann unweigerlich die

142

Kriegserklärung und die Aufnahme aktiver Kriegs-
handlungen bedeuten und beinhalten würde? Denn
dabei würde es sich nicht um eine rein defensive
Maßnahme handeln wie etwa die Bemannung der
Maginot-Linie, sondern dies würde eine Angriffs-
handlung darstellen. [Er möchte daher fragen, ob
die französische Regierung einen derartigen Einsatz
der Luftwaffe gegen Deutschland erwäge.]

Eventl. erhebt derjenige Zuschauer, der vorher zum
Nicht-Unterschreiben aufgerufen hatte, noch einmal
seine Stimme und sagt jetzt: »Nein, Nein ...«

DALADIER: M. Daladier dit que, sans doute, il serait
ridicule de mobiliser les troupes de terre françaises
uniquement pour les garder en armes sans bouger,
en fin de compte dans les fortifications. De même il
serait ridicule de ne rien faire de la force aérienne.

En ce qui concerne l'espace aérien il dit qu'il serait
tout à fait possible d'attaquer quelques centres in-
dustriels et militaires importants. Ces centres, mal-
gré ce que certains pouvaient raconter ici ou là,
étaient parfaitement à portée de l'aviation.

JEMAND *im Zuschauerraum übersetzt:* M. Daladier erwiderte, er würde es allerdings als lachhaft ansehen,
die französischen Bodentruppen zu mobilisieren,
nur um sie dann tatenlos und unter Waffen in den
Befestigungsanlagen herumstehen zu lassen. Ebenso
lachhaft wäre es, vom Luftraum aus nichts zu unter-
nehmen.

Was den Luftraum angehe, so sei es möglich, einige
wichtige militärische und industrielle Zentren an-

zugreifen, die – trotz gewisser Legenden, die da fabriziert würden – durchaus in Reichweite lägen …

Während auf der Leinwand weiterhin das leere Verhandlungszimmer zu sehen ist, ertönt eine MUSIK VON BEETHOVEN (Wellingtons Victory, op. 91). Wenn sie, nach Trommeln und Trompeten, das erste Mal freundlicher wird, werden in den linken äußeren Zuschauerreihen ca. 80 französische und britische Helme weitergegeben und aufgesetzt. Wenn sie, wieder nach Trommeln und Trompeten, zum zweiten Mal freundlicher wird, geschieht dasselbe in den rechten Reihen mit ca. 34 tschechoslowakischen Helmen. Zu den dann folgenden Trompeten setzen in der Mitte des Publikums ca. 52 Zuschauer deutsche Helme auf und stehen auf. Zu den dann folgenden Trompeten erheben sich links und rechts die Zuschauer mit den französischen/britischen und den tschechoslowakischen Helmen. In der Musik setzt der mit Kanonenschüssen komponierte Teil ein.* Nach und nach setzen sich die

---

* »2. Zu den zwey großen Trommeln (nicht große türkische Trommeln) wodurch die Kanonenschüsse bewirkt werden, gehören die größten Gattungen derselben (hier waren sie 5 Wiener Schuh im Gevierte) welche man gewöhnlich in den Theatern braucht, um einen Donnerschlag zu bewirken; (die eigentliche türkische Trommel gehört nur ins Orchester;) sie müssen entfernt von dem eigentlichen Orchester, jeder auf der entgegengesetzten Seite, wovon eine Seite die englische, die andere die französische Armee vorstellt, wie es der Saal erlaubt, stehen, ohne daß sie von den Zuhörern gesehen werden. – (…) Diejenigen, welche die Kanonen Maschinen spielen, (…) müssen von sehr guten Musikern gespielt werden. (Hier in Wien wurden selbe von denen erstern

Zuschauer mit den deutschen Helmen hin und begin-
nen die Helme abzunehmen. Beim letzten Wechsel in
der Musik, nach dem nur noch vereinzelte Schüsse zu
hören sind, erscheint auf der Leinwand ein Titel:

> Auch wenn Deutschland schon vor 1945
> besiegt worden wäre, ist die Frage dieselbe
> wie nach 1945: Was tut das deutsche Volk,
> was werden andere Völker tun, um eine
> Wiederkehr der Situation von München
> zu verhindern?

DER ÜBERSETZER IM PUBLIKUM: Die deutsche Oppo-
sition gegen Hitler bittet Herrn Chamberlain und
Herrn Daladier, doch zu unterzeichnen.
Die Zuschauer links und rechts setzen sich wieder hin
und nehmen die Helme ab. Der Titel ist wieder ver-
schwunden, und die Leinwand zeigt wieder das Ver-
handlungszimmer, das noch leer ist.
Chamberlain und Daladier verlassen den Zuschauer-
raum. Auf der Leinwand erscheint in der Tür des Ver-

Kapellmeistern gespielt.) 3. Die Maschinen, Ratschen genannt,
welche das kleine Gewehrfeuer vorstellen und gewöhnlich bei den
Theatern zum Krachen des Donners, auch selbst zu Pelotons-
Feuer gebraucht werden, müssen ebenfalls auf entgegengesetzten
Seiten, wie die Kanonen und auch in deren Nähe gesetzt werden.
Es ist hierüber einiges angezeigt; man überläßt dieses Männern
von Einsicht; nur ist in Acht zu nehmen, daß sie nie anfangs bey
einem Tempo eintreten, außer beim Presto: Alla breve, damit man
das Thema von jedem Tempo höre. (…)«
Ludwig van Beethoven, Wien im Dezember 1815, *Bemerkungen*
für die Aufführung, in: Wellingtons Sieg oder die Schlacht bei Vittoria, Partitur, München/London 1974/1985, S. V

handlungszimmers der erste Unterzeichner. Er unter-
zeichnet und geht aus dem Bild; der nächste kommt
und geht aus dem Bild. Mussolini kommt und unter-
zeichnet, am Schluß Hitler. Danach verlassen beide
das Verhandlungszimmer durch die offen gebliebene
Türe ...

17 MUSSOLINIS ABSCHIED

Nach der stummen (!) Unterzeichnungsszene wechselt das Bild auf der Leinwand wieder und zeigt das Verhandlungszimmer von außen. Die Türe öffnet sich, Hitler, Mussolini und Schmidt kommen heraus.
Dann werden die Türen des Zuschauerraums geöffnet. Nachdem auf der Leinwand im Zuschauerraum zu sehen war, wie Hitler und Mussolini das Verhandlungszimmer verlassen haben, zeigt das Bild auf der Leinwand den leeren Lichthof mit der Treppe. Es stört nicht, wenn die am Rand des Publikums sitzenden Zuschauer aufstehen und durch die geöffneten Türen in den Lichthof gelangen, um dort das weitere zu verfolgen. Im Lichthof tauchen Hitler, Mussolini und hinter ihnen

Schmidt* auf und bleiben am oberen Ende der Treppe stehen. Mussolini und Hitler beginnen eine Unterhaltung, die sowohl im Lichthof als auch in der noch immer andauernden Videoprojektion im Zuschauerraum zu hören ist.

MUSSOLINI *auf deutsch mit Akzent und mit einer ausholenden Handbewegung:* Ein herrliches Gebäude, das Sie sich da haben bauen lassen, mein Führer.

HITLER *geschmeichelt:* Ja?

MUSSOLINI: … fast wie in Rom!

Hitler schweigt gekränkt und beginnt, die Treppe hinunterzugehen. Mussolini folgt ihm mit Abstand. Er kann aber auch weiter oben an der Treppe stehenbleiben und nachstochern.

MUSSOLINI: Aber was wird aus dem Gebäude, wenn Sie einmal nicht mehr sind, mein Führer? Was wird aus dem »Führerbau«, wenn es den Führer nicht mehr gibt? Vielleicht eine Hochschule? Eine Hochschule für …

Mussolini spricht nicht zu Ende, sondern beginnt zu trällern oder eine Arie anzustimmen, während er nun die Treppe hinuntergeht. Hitler hat endgültig die Nase voll und läßt Mussolini alleine weitergehen.

Falls nicht noch ein weiterer Gesprächspartner auftaucht, verläßt schließlich auch Hitler den Lichthof. Auf der Leinwand im Zuschauerraum ist ebenfalls weiterhin der Lichthof mit der unter der Treppe war-

---

* Am 3.10.95 tauchte Schmidt erst zum Schluß wieder auf.

tenden Tschechoslowakei zu sehen. Aber mittlerweile sieht sich das Publikum auch selbst auf der Leinwand, d.h. die noch im Saal befindlichen Zuschauer sehen die Zuschauer, die den Saal bereits verlassen haben und dem Geschehen im Lichthof zuschauen.

18 INTERVIEW MIT HITLER

Im Lichthof taucht der Journalist (Roger Willemsen) auf,
tritt zu Hitler und eröffnet, wenn sich die Zuschauer-
bewegungen beruhigt haben, das Gespräch mit ihm.
(Hitler hat den »Spiegel« 40/94 unterm Arm, der Jour-
nalist das Papier der CDU/CSU-Fraktion. Für den
Charakter des Gesprächs gibt es mehrere Möglich-
keiten.*)

JOURNALIST: Das hätten Sie also geschafft. Aber
warum sind Sie ein Jahr später, am 1. September,
in Polen eingefallen? Der Historiker Professor Nolte

---

* siehe Seite 154

meint … *(unterbricht sich)* Ich sehe, Sie haben den Spiegel mit seinem Interview selbst dabei …

HITLER: Der zweite Weltkrieg war tendenziell, der Möglichkeit nach, auch ein europäischer Einigungskrieg. Deutschland ist der größte Staat in Europa, und wenn man zum Beispiel an Piemont denkt, kann man sich vorstellen, daß Deutschland Europa geeinigt hätte …

JOURNALIST: Aber …

HITLER: … trotzdem kann man den zweiten Weltkrieg virtuell als einen Einigungskrieg Europas betrachten. Die bloße Tatsache der Gewaltanwendung liegt so sehr in der bisherigen Geschichte, daß man daraus allein dieses Verdammungsurteil nicht herleiten kann.

JOURNALIST: Ich habe hier …

Hitler nimmt ihm das Papier weg und schaut, eventl. seine Brille aufsetzend, in das Papier, während der Journalist weiterspricht.

… die »Überlegungen zur europäischen Politik«, welche die CDU/CSU-Fraktion unter Federführung ihres Vorsitzenden Schäuble angestellt und am 1. September 1994 der Öffentlichkeit übergeben hat …

HITLER, *der seine Brille wieder abgesetzt hat:* Deutschland hat aufgrund seiner geographischen Lage, seiner Größe und seiner Geschichte ein besonderes Interesse, ein Auseinanderdriften Europas zu verhindern, durch das es in seine alte Mittellage zurückversetzt würde.

JOURNALIST: Aber …

HITLER: Diese Lage zwischen Ost und West hat es Deutschland in der Vergangenheit erschwert, seine innere Ordnung eindeutig auszurichten und eine dauerhaft stabile außenpolitische Balance zu errichten. Die Versuche, diese Lage im Zentrum aller europäischen Konflikte durch die Errichtung einer Hegemonie zu überwinden, scheiterten.

JOURNALIST: Aber wie soll es nun weitergehen?

HITLER: Die einzige Lösung dieses Ordnungsproblems, mit der ein Rückfall in das instabile Vorkriegssystem und die Rückkehr Deutschlands in die alte Mittellage verhindert werden kann, ist die Eingliederung der mittelosteuropäischen Nachbarn in das (west-)europäische Nachkriegssystem und eine umfassende Partnerschaft zwischen diesen und Rußland …

JOURNALIST: Und wenn das nicht klappt?

HITLER: … könnte Deutschland aufgefordert werden oder aus eigenen Sicherheitszwängen versucht sein, die Stabilisierung des östlichen Europas alleine und in der traditionellen Weise zu bewerkstelligen.

JOURNALIST: Steht das auch da drin?

Er nimmt sich das Papier von Hitler und schaut hinein. Den letzten Satz sagt er zu sich selbst, während Hitler sich entfernt. Oder es ist Hitler, der den Satz sagt.

Ja, das steht auch da drin.

Der Journalist verläßt nach Hitler den Lichthof.

Fußnote von Seite 151: *Eine Möglichkeit* für den Charakter des Gesprächs ist, daß es als regelrechtes Interview im Stehen stattfindet (z. B. auf dem mittleren Treppenabsatz) und der Journalist ein Mikrophon in der Hand hat und Hitler hinhält. Dann muß aber Hitler nach den kurzen Unterbrechungen durch den Journalisten das erste Wort (z. B. das »... trotzdem«) jeweils zweimal sagen: das erste Mal, damit der Journalist veranlaßt wird, ihm das Mikrophon wieder hin zu halten; das zweite Mal, damit der Satz vollständig verstanden wird.

Eine andere Möglichkeit ist, daß das Gespräch im Gehen geführt wird. (Hitler könnte während oder nach einer Aussage die Treppe zwei, drei Stufen weiter hinuntergehen.) Damit beide verstanden werden, müssen sie in diesem Fall mit drahtlosen Mikrophonen ausgestattet sein.

Hans Brenner und Roger Willemsen führten ihr Gespräch am 3. 10. 95 so ähnlich wie zuletzt beschrieben und fanden zugleich eine Form, die Brisanz des Inhalts zu unterstreichen; Brenner unterstrich den Zitatcharakter, und Willemsen wiederholte einzelne Worte und Aussagen (wie »Mittellage«), um sie sich zu notieren.

19 SCHMIDT

Am oberen Ende der Treppe steht immer noch Schmidt.
Er macht keine Anstalten, die Musikhochschule zu verlassen. Eventl. ist er aber einige Schritte zurückgetreten
und kommt dadurch auf die Position zu stehen, in der
das Publikum am Anfang den wartenden Hitler angetroffen hat. Eventl. muß er auch noch durch ein paar
Worte die Aufmerksamkeit des Publikums gewinnen,
bevor er das letzte Wort haben kann:

Die Hitler kommen und gehn.

Schmidt bleibt bestehn.

Falls das Publikum noch auf etwas wartet, statt zu gehen
(und die Vertretung der Tschechoslowakei dabei mitzunehmen), kann ihnen Schmidt noch etwas sagen wie:

Sie können jetzt nach Hause gehn!

Wenn das befolgt wird, kann unter Umständen (und wenn sie paßt) auch wieder die Musik ertönen, die am Anfang ertönte. Es kann auch ein durchaus sinnvoller Effekt sein, daß diese Musik einige Male unterbrochen werden muß, damit der in der Musikhochschule zurückbleibende Schmidt wiederholen kann:

Sie können jetzt nach Hause gehn!

ANHANG

Akten zur deutschen auswärtigen Politik, 1918–1945. Aus dem Archiv des deutschen Auswärtigen Amtes. Baden-Baden/Frankfurt a. M. 1950 ff., Serie D (1937–1945), Bd. II Deutschland und die Tschechoslowakei (1937–1938)

Ludwig van Beethoven, Wien im Dezember 1815, *Bemerkungen für die Aufführung*, in: Wellingtons Sieg oder die Schlacht bei Vittoria, Partitur, München/London 1974/1985, S. V

CDU/CSU-Fraktion des Deutschen Bundestags, *Überlegungen zur europäischen Politik*, Bonn, September 1994

Boris Celovsky, *Das Münchener Abkommen 1938*, Stuttgart 1958

Winston Churchill, *Der Zweite Weltkrieg*, Bern 1954

Documents on British Foreign Policy, 1919–1939. Third Series, Volume I–III, London 1949–1950, Bd. II

Keith Feeling, *The Life of Neville Chamberlain*, London 1946

André François-Poncet, *Als Botschafter in Berlin 1931–1938*, Mainz 1949

Martin Gilbert/Richard Gott, *The Appeasers*, London 1963/ *Der gescheiterte Frieden*, Stuttgart 1964

Neville Henderson, *Failure of a Mission: Berlin 1937–1939*, London [reprinted Aug. 1944]

Ernst Nolte, *Ein historisches Recht Hitlers?*, in: Der Spiegel, Nr. 40/1994, S. 83 ff.

Paul Schmidt, *Statist auf diplomatischer Bühne 1913–45, Erlebnisse des Chefdolmetschers im Auswärtigen Amt mit den Staatsmännern Europas*, Bonn 1950

Paul Schmidt, *Der Statist auf der Galerie 1945–50, Erlebnisse, Kommentare, Vergleiche*, Bonn 1951

Kurt von Schuschnigg, *Ein Requiem in Rot-Weiß-Rot*, Zürich 1946; die Unterredung mit Hitler ist auch abgedruckt in: Heinrich Plechita, Geschichte aus erster Hand, Würzburg 1961/68, S. 433 ff.

Kurt von Schuschnigg, *Im Kampf gegen Hitler. Die Überwindung der Anschlußidee*, Wien/München/Zürich 1969

A. J. P. Taylor, *The Origins of The Second World War*, London 1961 / *Die Ursprünge des Zweiten Weltkrieges*, Gütersloh 1962, S. 198 ff.

Zitiert wurde ohne An- und Abführungszeichen. Nur die in den Quellen selbst gesetzten An- und Abführungszeichen, z. B. beim Übergang vom Bericht in die direkte Rede der eigenen oder einer anderen Person, wurden beibehalten.

Bildnachweis: Videoprints; Idana Blüml (109, 147, 162, 163, 164, 165, 166, 167, 168, 169); Volker Derlath (93, 151); Wolfgang Smuda (170)

Die Mitwirkenden am 3. 10. 1995 in der Musikhochschule ▷

Hans Brenner (Hitler)

Otto Tausig (Schuschnigg)

Maddalena Crippa (Mussolini)

Jean Pierre Lefebvre (Daladier)

Götz Alsmann (Dr. Paul Schmidt)

Roger Willemsen

Denys Blakeway (Chamberlain)

Vera Pickova   Maddalena Crippa

Der Bär

special thanks to
Herrn Reichenberger, Hausinspektor der Hochschule
für Musik München
Bärenschule Kraml
Licht & Ton

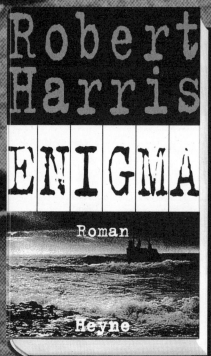

Dr. Wolf-Dieter Gudopp

Auf dem Weg in den Dritten Weltkrieg ?

Eine marxistische Analyse deutscher Außenpolitik vom vergangenen Jahrhundert bis heute. Zentraler Gegenstand sind die strategischen Interessen des deutschen Imperialismus. In einer wissenschaftlichen Analogiebetrachtung werden die Vorgeschichte des Ersten und des Zweiten Weltkriegs untersucht und die Kontinuitätslinien zu aktuellen Entwicklungen herausgearbeitet. *Unverzichtbar für das Verständnis der aktuellen Militärpolitik des 'neuen Deutschland' in Jugoslawien.* **DIN A5 / brosch. / 96 Seiten / DM 8.-**

Bestellungen richten Sie bitte *schriftlich oder telefonisch* an:

Verein Wissenschaft & Sozialismus c/o Josef Mayer, Trifelsstraße 6
60528 Frankfurt am Main, Telefon 069 - 6766 30